U0513794

老子

〔汉〕河上公 注
〔三国魏〕王 弼 注
〔汉〕严 遵 指归
刘思禾 校点

上海古籍出版社

图书在版编目(CIP)数据

老子/(汉)河上公注、严遵指归、(三国)王弼注；刘思禾校点．—上海：上海古籍出版社，2013.12（2023.12重印）（国学典藏）

ISBN 978-7-5325-7132-1

Ⅰ.①老…　Ⅱ.①河…　②严…　③王…　④刘…　Ⅲ.①道家　②《道德经》—注释　Ⅳ.①B223.12

中国版本图书馆CIP数据核字 (2013) 第 271650 号

国学典藏

老　子

[汉] 河上公注　严　遵　指归

[三国] 王　弼　注

刘思禾　校点

上海古籍出版社出版发行

（上海市闵行区号景路159弄1-5号A座5F　邮政编码201101）

(1) 网址：www.guji.com.cn

(2) E-mail：gujil@guji.com.cn

(3) 易文网网址：www.ewen.co

上海展强印刷有限公司印刷

开本 890×1240　1/32　印张 7.75　插页 5　字数 155,000

2013 年 12 月第 1 版　2023 年 12 月第 12 次印刷

印数：40,101-45,200

ISBN 978-7-5325-7132-1

B·847　定价：32.00 元

如发生质量问题，请与承印公司联系

电话：021-66366565

前　言

刘思禾

　　《老子》，又称《道德经》，是道家学派的开山作，也是中国古典思想的基本经典之一。《老子》历来受到重视，在传统时代某些时候甚至超过六经。进入现代，《老子》成为哲学研究的热点，更进入世界经典系列，为其他文化所了解。短短五千言的《老子》，浓缩了中国人深层的经验和智慧，是我们了解自己的一个通道。

一

　　我们对于老子和《道德经》基本情况，包括老子的生平、生活的时代，《道德经》的成书过程，竟然一直缺乏完整的了解，与人们对孔子、耶稣、佛陀、柏拉图的了解完全无法相比，这不免让人觉得惊讶。

　　传统上关于老子生平的说法主要来自于《史记·老子韩非列传》，文字不长，摘录主要部分如下：

　　　　老子者，楚苦县厉乡曲仁里人也。姓李氏，名耳，字聃，周守藏室之史也。

　　　　孔子适周，将问礼于老子。老子曰："子所言者，其人与骨皆已朽矣，独其言在耳。且君子得其时则驾，不得其时则蓬累而行。吾闻之，良贾深藏若虚，君子盛德容貌若愚。去子之骄气与多欲，态色与淫志，是皆无益于子之身。吾所以告子，若是而已。"

　　　　孔子去，谓弟子曰："鸟，吾知其能飞；鱼，吾知其能游；兽，吾知其能走。走者可以为罔，游者可以为纶，飞者可以为矰。至于

· 1 ·

龙，吾不能知其乘风云而上天。吾今日见老子，其犹龙邪！"

老子修道德，其学以自隐无名为务。居周久之，见周之衰，乃遂去。至关，关令尹喜曰："子将隐矣，强为我著书。"于是老子乃著书上下篇，言道德之意五千馀言而去，莫知其所终。

这篇文章真有些"恍兮惚兮"。想来太史公写作时也是材料缺乏难以下笔，然而这篇传记却写出了老子的精神。传记的信息不是很清楚，但是大致有如下几点：

1、老子是楚地人（今河南鹿邑县东），做过周王室的高级文官（守藏史）。

2、老子活动的时间在春秋末年。

3、老子长孔子一代，算是前辈。孔子曾向老子问过礼方面的问题。孔、老道不同，不相为谋。

4、老子著《道德经》五千言，后来西行不知所终。

这些基本点是关于老子的传统说法。我们能知道的关于老子的内容，如此而已。

到了近代，疑古之风兴起，这些说法全部得到怀疑。老子是楚人吗？是春秋末年人吗？见过孔子吗？写过《道德经》吗？如果写过，写了部分还是全部？《道德经》成书于春秋末年？战国中晚期？还是秦汉之际，或者西汉？

因为证据不足，这些争论都没能帮助人们解决问题，而关于老子的基本说法也不再可信，像钱穆、葛瑞汉这样的大学者都认为庄子在老子之前。

对于老子其人其书的这些争论，近年来有向传统说法回归的趋向，这主要有两个原因：一是学术界自觉反省疑古思潮的弊端，在诸多基本文献问题上，如《尧典》三篇的时代问题，《春秋》和三传的关系等，重新回归传统说法。这一定程度上影响了人们对老子问题的看法。二是考古学的发现，其中最重要的是马王堆汉墓《帛书老子》和郭店战国楚墓《竹简老子》的发现。帛书本《老子》虽然与传世本有一些细节上的差异，但是基本是一致的，这让人们看到传世本之外更古老的版本。更重要的是竹简本《老子》的发现，学术界对于竹简老子是节选本还是原本还无定论，但是它的出现使老子成书的年代大大提前，这加强了人们对传统说法的信心。本文讨论的老子和他的思想就是以传统说法为前提的。

关于老子其人其书的争论还会继续下去，有的问题恐怕永远也无法解决。这里有一个原因：老子大概根本不想后人知道自己更多的事情，关于他的一切都在《道德经》中。我们知道了更多有关老子及其书的情况，或许并无助于理解《道德经》，反而把这一切无关的东西拿开，老子所开启的世界才可能真正打开。

或许可以这么说，老子留给后人的第一个难题就是他自身。似乎放下关于他和他的书的一切外部问题，进入到书中，是最好的解决办法。孔子说老子"其犹龙邪"，真是知人之论啊！

二

老子和孔子都生活在春秋末年，那是一个所谓周文疲敝的时代。往昔的文明日益失去光彩，周人的政教系统基本解体了。诸侯国内部动乱不断，国际间的战争破坏性越来越大。更重要的是，一切观念（名）和观念所表达的实在（实）之间越来越不相干。孔子就感慨说："觚不觚！"觚怎么不像觚了呢？在那时的人看，那大概是一个分崩离析的时代。

和孔子汲汲救世，希望用正名的方式重塑局面不同，老子对名实之间的关系完全抱一种灵活地态度。万物总在生长，名只是一个暂时的符号，标记这个物而已，不要抓住不放（三十二章）。而我们要是去把握最高的真实，一定要放弃对名实的常规理解（一章）。要在文明的表层之后看到深层，由此老子对周人的政教文明基本持一种批判的态度。他根本就否定孔子道德重建的努力，"去子之骄气与多欲"，文明怎么能够靠人去建构呢？那不过是人的欲望啊！在他看来，这根本是走错了方向，开错了药方。

老子显然看到了孔子没看到的一些东西。周人文明的基本构架是井田、乡隧、封建和宗法，而这些都可在老子所称的仁义、礼、智中找到。仁义是一套道德观念，礼是一套制度和规范，智则是一套治理的方法。在老子看来，这些文明的成果非但没有把问题解决掉，反倒是成了问题本身。仁义是一套宣扬的说辞，让人变得虚伪无耻，礼成了一套干瘪僵硬的桎梏，似乎总要强行拉着人前行。而知识和智慧往往造就更多的麻烦，似乎上与下之间就是一种相互算计的关系。于是，社会进入了一个怪圈，越是要解决问题的措施，越是带来更不可解的困境，一切办法都失去了效果，任何努力都不过是垂死的鱼在浅水中挣扎而已。

和孔子不同，老子看到的是文明自身的悖谬。一切制度、知识、价值体系、语言，也即古人所说的政教，不是解决问题的手段，恰恰是造成问题的根源。这样一种判断实在是够令人惊讶的。古往今来的很多思想都批判过文明中的这个，文明中的那个，但是只有老子把整个文明都拿来批判，否定掉。当然儒者可能会反驳说：政教文明不仅仅是人的创造物，也是"天"或者"帝"这样的最高者的创造物，圣人（比如文武周公）所以能够成就大业，那是天意民心的所以然和所当然。老子的反驳大概会是："天"和"帝"究竟也是名，也是有，不过是超级人格神而已（如同《尚书》、《诗经》中看到的），这样一个"有"如何能够保障文明体的生机呢？

这里的问题究竟出在哪里呢？在正统的观念中，政教系统往往是维系文明的根本保障，对之会持一种正面积极的态度。可是老子说，一个政治系统总是由一套观念来保障，由一群人来掌控的。可是这样一群人总是有欲望的，而由观念来论证保障的欲望总要显示出其意志。这样看来，权力也是有性格的，有欲望的，而权力的欲望是最可怕的。个人的欲望可能是食色，权力的欲望则在于之上，总要实现它奇异的想象，古往今来极权者的稀奇古怪的欲望老子看到的太多了（他是守藏史啊）。权力可以骄奢淫逸，也可以操弄是非，可以把自己的私欲变成国家行为，也可以为了一己之愤怒发动战争（四十六章）。之所以如此，是因为权力总是要去做些什么，总是把自己的念头、想法、"理想"制度化、政策化，进而上下操纵。一部历史，不过是日益离弃淳朴，权力不断肆意妄为的历史而已（三十八章）。

老子把文明和文明历史判定为这样一种形态，儒者一定不会同意。儒者会反驳说：老子讲到的现象是有的，但是那是文明衰落的结果，不是文明本身必然导致的。如果文明得到重建，仁义礼教得到重整，那么一切问题都会得到解决。老子显然不同意这一看法，这和他心中对另一种真实有深切的把握相关。可以这样说，文明作为一个浅层的东西，无论什么时候都是负面的，都可以剥除掉，而在其背后，有另外一层比天和帝更深更真更高的东西，持久地为文明提供生命力（四章）。老子用道来表达这样一层。

道在老子的论述中至少有这么一层意味，它是天地万物（包括人类）的源头，或者本根，就是使一切之所然者。这里包含的意思很多，道是真实根本的，而其他的一切则是外在的，表层的；道是纯粹简单的，其他的一切则是芜杂混乱的；道是充满生机的，而其他的一切则不免有生有死有盛有衰。我们需要格外注意根和源这样的说法，这是一个表示深度的观念。根是植物的末端，连接大地，提供养料；源是水的开始处，看似无有，水却是汩汩而出。我们常说观水必观其源，因为最初的样态是理解最好的途径。看一个人，我们会看他小时候；对待一件事，我们会了解最初的时候;理解一套哲学,我们该知道思想的触发点在哪里。小的时候,简单的时候,模糊地时候,才可能是最真实的。老子告诉我们,我们要想了解一切的一切,就该追溯到最开始之前去(二十五章),而那将是一次混沌幽深玄奥难名的"观"的旅程。这旅程的尽头,就是这万象复始、繁华如锦、生机无限的世界的源头,同时也是永不停息的滋养灌溉着这个世界的根,老子用"道"这个不得已的无名之名来表达这个意思(二十五章)。这源、这根、这道,总意味着那万有之后的"无"。

我们都有回到故乡的感受,一切都那么熟悉,一切又那么欣喜。一块石头,一棵树,一个蹒跚的路人,一条黄色的狗。你很难说哪个就是故乡,在这一切之中,在这一切之后,跃动着可以叫做你的根的故乡。

庄子就喜欢用故乡来说道,那不过是老子根和源之外的另一个比喻,学者对此已有精彩的阐发。道家的这种思维方式是逆推的,可又是当下的;是和饱满的生命相关联的,同时又意味着时间性的维度。道就是万千生命的源头和根脉,这样的思路和古希腊的主流是完全不同的。因为道有活动性或者流动性,而理念是客观确定的;源头只能摸索和直观,而理念却可以思维推演;老子要的是最原初的本然(自然),而柏拉图要的是本质性的实体(Ontology);道家最终给出一个溯源的路径,而古希腊哲学家给出一张世界图纸。更重要的是,古希腊人永远无法理解"无中生有",而这恰恰是老子思想的根本,也是他给我们的一个最大的奥秘(一章、六十二章)。

在老子那里,道是第一个层次的(道),由此而有第二个层次的,即天地万物(天道),而人类则是第三个层次的(人道)。本来人也是万物之一,不过人有知有欲(用西方的说法就是有自由意志),能够脱开道的直接性,于是就分开为单独的一层。这里需要注意的是,老子说的知就是智,知巧智谋的意思(简本《老子》甲组),因为中国古代没有客观知识的传统。恰恰是这第三层面容易背离前面二者,因为人本身的欲望和知识的缘故。人类误以为能够凭着自己做很多事情，于是各种"理想"、念头、计划就纷纭而出。实际上我们看到，人类能够做成的事都是顺应了更深层的大势的，凡是头脑一热做的，其结果往往是失败、灾难。在老子那里，人类就是爱捣乱惹事的坏孩子，文明就是一场又一场的胡闹而已（三十八章）。

　　不过，从最根本的角度来看，文明本身也在道的规范下，哪怕人类的混乱无知违背了道的要求，最终也不免自食其果，自讨苦吃，而重又回到道的怀抱中。道之于文明有时候就像是猴皮筋，哪怕抻得再长，早晚也要回来（二十五章）。而人类折腾得越厉害，自己所受的苦难也越大。

　　因而，老子提出了一些对统治者的建议，其中最重要的就是无为，简单说就是要放弃权力一切习常的做法，避免制度与政策的扭曲效应，从内在来说就是放弃总要点做什么的冲动。无为不是指不去思考、观察与准备，而是在宁静之中体察细微的变动，任由"自然"的可能慢慢显露出来，然后在恰当的时候，一句话，一个手势就把问题解决了。无为的根本是察势，伺机而动（二十七章、二十八章、三十六章）。这样可以最大限度的把行为本身可能带来的负面效应去掉，这就是"善行无辙迹"（二十七章），后来庄子讲"以无翼飞者"（《人间世》），也是这个意思。没有翅膀来飞，就是行为本身的透明化。比如家长害怕孩子说脏话，就一遍一遍嘱咐哪些话不能说，孩子反而记住了什么是脏话。因为这种行为本身就违背了行为的目的。做了，目的达到了，但是看起来就像什么都没做一样，这是老子给出的新主张，一种可以扩展到政治、人生、思考的新主张。

　　无为的目的最终是回到自然。说到自然，这一词语误解最多。自从日本人用"自然"来翻译Nature开始，"自然"慢慢就和"自然界"同义起来，这是理解老子最大的干扰。西方学者有用Spontaneous来翻译"自然"这个词，这个似乎更能接近老子的意思。老子讲"道法自然"（二十五章），王弼注说：自然者，无称之言，穷极之辞也。自然是语言的极限了，也就是说，没有什么可以再说的了。这可以看做是老子给出的一个不是标准的标准。世界上只有一个标准，自然的，或者不自然的，而不需要"此亦一是非，彼亦一是非"（《齐物论》）的各种是非、好坏、善恶、美丑标准。

有学者强调自然作为人文价值的意味，这是对以往生硬解释的反拨，非常重要。自然总是和人联系最紧的，因为天地总是自然的，没有不自然这回事。只有人会不自然，会做作。自然有时很简单：吃东西，自然就是不少吃一口、不多吃一口；与人说话，自然就是不少说一句、不多说一句；求一件事情，不少做，也不多进。在哪一步尽了，就可以停了。如果饱了还吃，自己会不舒服；说了不该说的话，朋友会反目；强求一件事，得到了也没有意趣；强爱一个人，终究会失去更多。行所当行，止所不得不止，不思量，无顾忌。自然就是一个简单的人，一种朴素的生活，一个自组织、自生长、自平衡的文明世界。无论是人，还是物，还是世界，都自己归于自己，是其所是，然其所然，此即自然。

自然是最简单的，也是最难的。因为人本来就是不自然的，其中最重要的是语言。语言是遮蔽真实最有效的手段，也是最难去除的罗网。话语越是自我繁殖，真实也就越遥远（四十八章）；完全对立的语言往往指向同一个真实（二章、二十章）；表层的描述和底层的真实有时恰好相反（四十一章、四十五章）；以名言维护的礼教最深地破坏了自然状态（三十八章）。老子发现了语言和实在之间的空隙，以及空隙中的扭结关系，在这种关系下真实丧失了。他希望做到的是尽量放弃语言，对自身而言就是如何修养的问题。老子特别强调自身的修养（二十四章、三十三章），因为解决了自己的问题，才能解决世界的问题，而其重心就是圣人虚静寡言。对待自身如此，对待政治生活也如此，放弃名言（名教），以便把语言遮蔽的可能降低到最小，也就是不要铺天盖地的宣传教化（二十三章），因为人越教化越狡猾。但是，实际上语言又不可能被完全放弃掉，因而顺着语言的线索来"反"着找寻（四十章），就成了一条智慧之路。在退中进，在静中动，在曲中直，这样不是故意的绕圈子，而是排除掉那个麻烦的操纵语言的自我，而循着最自然的途径做。这是老子给出的不同于孔子的新见解。后世儒家最无法接受的，恐怕就是道家这种对价值确定性的破坏，因为绕来绕去价值都坍塌了。儒家漠视名实之间的复杂纠缠，时常变得虚伪、僵硬，而老子的智慧就在这种绕来绕去中显示出来。

由老子可以推出一些谋略性的智慧，韩非最早开发了这些资源，讨论最有效率的君臣关系。今天我们也可以研究这个，比如备受聚讼的三十六章，完全可以是一种谋略的应用。老子的意思是要把敌人当做亲人一样来对待（是策略不是情感），这是最有效的制敌之策。老子的说法真是够惊人的。老子也有很多对人生深刻的观察，如上德若水、知止不殆、大器晚成、自胜者强等，都值得人们细细体会。

老子和孔子有很多对立的地方，但是在一个地方上完全相同，那就对圣人的崇拜。圣人，在孔老那里是一个人格化的最高者，一切要也只能在那里得到解决。对老子来说，要人们放弃智巧和欲望是不现实的，但是圣人可以体道顺自然，进而引导人们做到这点。对于老子给出的答案，我们现代人不免有些疑惑，这就像是给了人一把钥匙，可又把它锁在另一个箱子里。圣人是另一个需要打开的难题。可是圣人怎么可能呢？这样的结局实在是让人困惑。

如前所述，老子思想基本是一种文明的批判，但是其在文明发展的新方向上似乎颇为犹疑。一方面老子有天子三公、大国小国、大制不割、圣人用为官长的说法，似乎认可大规模的政治结构，只不过要清净朴素，河上公、严遵和王弼都认同这一解释方向。但是另一方面，老子又有小国寡民的说法（八十章），不用甲兵器械之类，似乎有取消文明的倾向。庄子后学有一派就认同这一趋向，现代学者很多也持这一种看法。这似乎说明老子对一种新型的文明进路不是很清楚。后世面对这个问题基本有这么几种思路：一是完全放弃政治生活，如庄学的激烈派；一是政治复古主义，如黄老学；一是做历史化处理，一层一层清淤，王弼之后的郭象是这个思路。再有的是拿老子来做一种修补，弥补儒家政治的缺陷，这个严格讲已经脱离老子的本意了。老子的设想还在三代的政治社会语境下，可是随着秦汉帝国体制的建立，任何道家学者都必须回答如何处理帝国体制的问题。老子所设想的简朴自然的文明体再也没有发展空间了，一切的问题都纠缠在如何与帝国体制相伴而生上，儒家如此，道家也如此。在后来的两千多年中，老子和他的思想传人一直是主流政治传统最清醒的观察者和批判者，直到今天依旧如此，因为道家深刻洞察了中国政治与社会的基本事实。但是道家无法正面处理制度，这就使得它最终无法挑战儒家设计的文明秩序。

读《老子》，常能感受到一种复古情怀，好像今天失恋的人追忆过去的美好：要是我们能回到过去该多好！人生若只如初见！在我们今天来看，不得不说，人类永远回不去了，至少他们自己不会回去的，除非有像《云图》那样的灾难轮回。老子想象一个回到过去的世界，他是错了；不过我们这个欲望纵横的时代早晚会自我毁灭，一切又回到原点，就这点而言，他似乎又对了。

三

老子在先秦时期影响深远，在其后出现了关尹、列子、庄子、鹖冠子等一系列思想传人，对荀子、韩非子等也都有非常大的影响。除此之外，很早就有专门注释《老子》的著作，先秦时代韩非子的《解老》、《喻老》是最早的两种，其后汉魏时期最著名的注释类作品有《老子河上公章句》，严遵的《老子指归》，张陵（一说张鲁）的《老子想尔注》，以及王弼的《老子注》。我们这里主要介绍本书所收入的《老子河上公章句》,《老子指归》和《老子注》。

《老子河上公章句》是老学史上非常有影响的一部注释类著作,唐玄宗《御注老子》就颇以河上公本为宗旨。河上公本《道德经》也是后世最流行的版本之一。

关于《老子河上公章句》的作者和成书时代,历史上并未留下明确的记载,《汉书·艺文志》也未著录,这就留下了很多谜团。《史记·乐毅传》中有这样的记载:"乐臣公学黄帝、老子,其本师号曰河上丈人,不知其所出。"这个河上丈人和汉初的黄老政治有关,但是不是就是作章句的这个河上公,难以断定。现在能看到的最早记载是三国时期吴人葛玄所做的《河上公章句序》,称河上公出现在汉初,大显神迹,赐书给文帝云云。从葛玄序来看,三国时代的学者颇认为《河上公章句》与文帝时期的休养生息有关。但考虑到该文的神仙化手法,这一点又不免令人怀疑。现代研究者对此问题意见不一,大体上学者同意《河上公章句》是汉代作品,但是属于西汉还是东汉还没有定论。不过细察《河上公章句》的内容,的确与汉初的黄老政治相当一致,注释文字古朴,注重治道,没有后来《老子指归》的祥瑞思想,注文中也少有儒道之间的冲突,认为其是西汉作品是有一定理由的。至于其中的养生思想,颇接近后汉的思想发展,或许有后人的增益亦未可知。

河上公号为章句,这是一种汉代流行的注释经典的著作体例,以疏解原文为主要特点。河上公不太关注道论,他对理论似乎兴趣不大。在解释一些关键观念如"一"时,总有些含糊不清。他的重点在如何修道,这包括两部分:修身和治国。河上公解老最大的特点是治国如治身的讲法,治身去情欲,治国勿烦扰,大旨如此。他讲治国要清净无为,不要过分烦扰,这颇合汉初黄老政治的实情。他特别重视君主自身的言行,因为在帝制时代,君主的治身就是治国,"君开一源,下生百端。百端之变,无不动乱。"(二章)在注解老子的时候,所有语句的主语几乎都被他解释为君主，因为只有君主才是治国治身的根本。

同时，他在讲治国的时候，常常要把治身放在前面，如"治身者神不劳，治国者民不扰"（四十四章），"用道治国则国安民昌，治身则寿命延长"（三十五章）。河上公讨论治身关注精气神，这样的讲法虽然有所继承，但是完整的表述出来，还是第一次。他有布气的说法，是对天地生成的解释，同时也关涉到人的构成。他也讲精气和神明。就人而言，精气是天地之气在人身体内的纯净气息，有时候精单讲就是指男人的精力，神明则是天地之间的神妙在人五腑六脏中的显现。河上公告诫人不要放纵情欲，消损精气，破坏神明。有的时候为了说明治身的道理，注文中甚至有明显的曲解的地方（六章、二十六章、七十二章）。在某种意义上说，河上公对治身的兴趣超过了治国，这当合乎他的隐士身份。

《河上公章句》总体来说平易顺达，合乎老子大义，代表了早期老子研究的一个高度。

严遵生活在西汉晚期，成都人，字君平。著名学者扬雄是他的学生。严遵不求仕进，每天卖卜为生。《汉书》中这样记载：

> 谷口有郑子真，蜀有严君平，皆修身自保。非其服弗服，非其食弗食。成帝时，元舅大将军王凤以礼聘子真，子真遂不诎而终。君平卜筮于成都市，以为"卜筮者贱业，而可以惠众人。有邪恶非正之问，则依蓍龟为言利害。与人子言依于孝，与人弟言依于顺，与人臣言依于忠，各因势导之以善，从吾言者已过半矣。"裁日阅数人，得百钱足自养，则闭肆下帘而授《老子》。博览亡不通，依老子、严周之指著书十馀万言。（中略）
>
> 君平年九十馀，遂以其业终，蜀人爱敬，至今称焉。

他这样的言行，颇为后人称许，后来收入晋皇甫谧的《高士传》中。严遵本来姓庄，班固著《汉书》避明帝讳，改成严遵，一直沿袭至今，《指归》中的"庄子曰"说的就是他，而不是人们熟识的庄周。

　　《指归》的体裁与《河上公章句》、王弼《老子注》不同，《指归》不是注释类的作品。据《隋书·经籍志》和《经典释文》记载，严遵同时有《老子注》和《老子指归》。今天我们看到的《指归》辑佚部分，有很多文字与完整的《指归》不同，颇有注释文句的内容，这说明严遵的确有《老子注》。而《指归》和注释类作品体裁不同，大体是引其一端，加以论说，颇似今天的小型专题论文。

　　《指归》在思想上基本没有特别突出的地方，大致是本着依天道论人事的模式，申说老子顺天道归自然的大义。不过显得出色的是严遵在论述天地万物生化问题时，用道、德、神明、太和这样一个四层演进来论说，这固然是借鉴了《淮南子》以来的思路，但是的确有所推进，论说上更细腻更完整了。严遵引用《周易》的地方很多，《易传》大讲天地生化，《指归》无疑也受到这方面的影响。

　　《指归》在思想上归宗于老子，近源更接近黄老学。黄老学是老子思想现实化的发展，要面对大规模皇权体制这一现实，思考如何用老学精神去运转帝国体制，这就总不免讨论诸如君臣关系等问题。《指归》大体上可以归结到这一思路上去（善建篇、民不畏死篇、以正治国篇）。它一方面讲上古无文、太初垂画云云，一方面又把仁义、礼制放进来，把仁义、礼制作为不同的演化层次排出来，以与道德神明太和搭配起来。《指归》有的章节也讲君臣之分，仁义礼智等等，这都不免首鼠两端，前后矛盾。这实际是黄老学内部的冲突。

　　一般读者接触到《指归》，大多会为它的文字所困扰。《指归》行文上细密板滞，缺少节奏变化，内容则大多重复。严遵是蜀人，前面有司马相如，后面有扬雄，都是汉赋大家。《指归》和汉大赋的文字很相像，都是四字为句，句句排列，间杂三字句，长句不多，只起过渡作用，不少词句押韵。文风则铺张夸饰，反复申说，各篇之间意思相近，这都是汉赋的特点。因而阅读《指归》时就要注意文辞胜过理致的特点。

王弼，字辅嗣，三国时魏人。王弼是天才型的人物，在老学史上是第一流人物，在中国思想史上也是第一流人物，可惜二十几岁就去世了。与河上公和《指归》不同的，王弼的影响超出了老学史，他更能应对时代的挑战，是老子思想最具创造力的解释者。

王弼所处的时代，今文经学早已衰落，古文经学内部郑玄派和王肃派势同水火。加之曹魏政权打击世家大族，推崇刑名法术，儒学虽然苦苦支撑，但是学术的重心已经转向道家思想，即是后世称作玄学的思潮。在这一思潮中，何晏、王弼、夏侯玄等共倡清谈，其中最重要的人物就是王弼。

和河上公、严遵一样，王弼的学问不仅来自于老子，也有《周易》的影响。王弼最重要的著作即是《老子注》和《周易注》。《老子注》不必说，《周易注》也是思想史上的第一流著作，唐代收入《五经正义》中，就是今天的十三经注疏本《周易注》。王弼精通《道德经》和《周易》，精究天人，融会贯通，而独创一套新思想，被后世称作贵无思想。

王弼对《道德经》的解读不同于河上公和《指归》。河上公和严遵总的说还是汉人的学问，在解释老子上重视线性演生的思路，喜欢推衍天地所从来，天地、阴阳、四时、五行一大套，以此来解说老子的道、德。王弼与之最大的不同，是完全斩断道和物之间这种线性演生的关联，而以本末（母子）二层的方式来论述。在《周易·复卦》注中他说得清楚："然则天地虽大，富有万物，雷动风行，运化万变，寂然至无，是其本矣。"这一思想，我们看《老子指略》同样一清二楚：

> 《老子》之书，其几乎可一言而蔽之。噫！崇本息末而已矣。

观其所由，寻其所归，言不远宗，事不失主。

所谓本，就是无，所谓末，就是天地万物。这样的表述在《老子注》中也很多（三十八章、五十七章、五十八章）。这样的变化，近代的学者已经指出是一种结构性的改变。王弼的解释一反普通人习惯性的思维方式，而把"道"的意涵中"无"的一面透空的显示出来，可算是截断众流之作。而在河上公和严遵那里，老子的这一特征有意无意的遮蔽起来，只有到了王弼这里，真正属于道家的智慧才显豁起来。那个纯然的"无"不是顺着时间的箭头一步一步走向原点，而就是对当下世界的断然否定，就是在极高处（也就是极深处）看不到摸不到、玄妙幽冥又真真切切的"无"。王弼不像后来的林希逸或者憨山，他不从心和性去讲道，但是无疑他的"得象忘言"的方法论就意味着，那个"无"是要直观到的，用中国人自己的话说，要用心去把握的。"复"回到这个"无"，是解决一切问题的关键（十六章）。这个是对老子精神的继承。

王弼注《道德经》简洁明当，是魏晋人注疏的典型，其解释老子亦精彩迭出。老子思想当然有不同的脉络，不过只是到了王弼这里，其道论才如此精到透彻。此意未必一定是老子本义，但是王弼的洞见却把老子道论最精妙的地方突出出来，这样一种本末、体用二层的讲法，一扫浮词，王弼的确是洞察了中国思想的基本特征。在政治主张上，王弼则延续了河上公、严遵以来的一贯思路，重在无心无欲无为，反对圣智巧利。

《老子河上公章句》、《老子指归》和《老子注》是早期老学史上的重要著作。唐代杜光庭在《道德真经广圣义》中收录历代注释六十余家，就推崇河上公和《指归》的理国之道，而以王弼为玄学解老的重要代表。河上公注和《指归》较接近，二者在理路上显然有承继的关系，而王弼注则代表了另外一个时代的典型。和唐宋代之后的老学比较，无论是后来的成玄英、苏辙、林希逸和憨山，都在糅合三教上努力，谈心谈性，其宗旨都不免有离开道家的嫌疑，而河上公、《指归》、王注三家则显得更纯粹，更能显示出老学的本色。

四

我们要知道，老子是一个前现代的或者叫做古典的思想家，而我们生活在一个被称作现代的世界中，这二者之间的差距简直是难以形容的。可是我们在阅读《老子》时，常常很难体会到这种差距，那是因为老子已经被"现代"的油彩涂抹过了。

近代以来，哲学史研究者习惯上把老子讲成西方式的哲学家，这个固然有助于理解，但恐怕是有问题的。中国有没有哲学可以讨论，先秦时代没有古希腊时代那样的"哲学"，这应该是没有疑问的。把老子讲成完整清晰的理论，这是现代研究者最喜欢做的事，严格讲除了一套逻辑之外，看不出有什么帮助。以道论来说，现代的解释有两个大方向，一个是本体、原理、规律说，一个是精神境界说。前者完全忽略了老子"无"的智慧，是对老子基本精神的背离。而后者不免主观化了，把天地万物完全从道的内涵中驱走了。现代学者多不言自明的接受事实和价值二分法，可在老子那里根本就没有这样的分裂，老子的智慧在这样的解说中消失了。

这样说似乎是太过唐突前贤，不过我们没有一点轻视现代学者的意思。而只是说，老子毕竟离我们太遥远，现代和老子的时代有太多冲突，理解老子是一个很艰辛的工作，现在做的还远远不够。

对于一般的读者而言，我们可以把老子看成一个智者。老子对道有坚定的信心，认定按照道做，一切问题都可以解决。但世人不理解，常常会觉得孤独（二十章）。不过到了庄子那里，这种信心破碎了。今天来看，老子对道的理解显然还是太"古典"了，对人正面的建构能力太缺乏信心。不过老子正确的指出文明的二元性，他既有孩子般的好奇心，又有老成者的练达几微。见过几千年的兴衰成败，也明了现实的残酷血腥，他能把自己抽离出来，站在世界的一边来"观"（十六章）。他"观"到了什么，今天是不是都能够接受，这是一个问题；他"观"的本身是不是一种独特的理解方式，在儒家、佛教、基督教、古希腊以至于现代西方都没有，直至今天仍能够启发我们？这是另一个问题。

　　老子关于世界是如何发生的猜想，在现代物理学的发展下，得到学者更积极的解释。联系最近有关大爆炸理论的新进展，我们对于老子、庄子和《淮南子》、严遵、王弼的争论有更新的领悟，这当然是极为有趣的。不过，这些终究不是老子对于今天的根本意义。

　　老子的意义大概在于提供一个完全不同的背景，让我们来观察今天的社会。今天的中国是一个"经济发展主义"为主流的时代，整个社会都围绕着资本、竞争和成功飞快转动。老子的告诫可能是：权力是不是太庞大了？太专横了？太痴迷于自己的欲望了？这个社会是不是太不自然了？儿童不该是纯洁的吗？情欲不是该有所节制吗？山谷和河流不是该纯净有生机吗？我们整天看到的听到的都是"大力推进……"，"坚决不……"，做什么不做什么难道仅仅是权力的事情吗？那不是一条十分危险的道路吗？（五十七章）为什么某些人的想法就要成为整个社会的想法？难道每个人都要做大官发大财吗？放纵欲望真的是幸福吗？（十二章）我们每天看到的骄奢淫逸，似乎和老子时代比较有过之而无不及。"天之道，损有馀而补不足。人之道则不然，损不足以奉有馀。"（七十七章）是这样吧？"民之饥，以其上食税之多，是以饥。民之难治，以其上之有为，是以难治。"（七十五章）是这样吧？"民不畏威，则大威至。"（七十四章）是这样吧？但是，这些话真的有人倾听吗？老子对今天的政治家恐怕没有意义吧！

　　人生有高下，国家有兴衰，历史有沉浮。从长时段来看，个人、国家和历史都在不同的维度之间震荡。假如我们在历史之外，我们会对流动的趋势一目了然。可是我们都在现实中，各种势力、各种主张、各种思想交织在一起。所有人都说历史在自己这边，可是历史却不听任何人的话。这就像股市中，大家都知道不是涨就是跌，可是真的是涨还是跌呢？只有极少的人能够预见。老子的意见是，真正通达的人能够把各种名言放开，在表层看到深层，在细微处把握大势，在清晰处看到混沌，在混沌中看到生机。能够在这个时代看清大势，不学老子也是老子精神吧！

五

那么如何阅读《老子》呢？

最好是先涵泳白文，这是前提。白文就是无注释的原文，《老子》不像儒家的经书，不借助注释自己也可以进入。读熟了就能前后文句贯通，做通盘的理解。对那些重要的观念，如生，有，无，明，反，自，要反复琢磨。然后再对应注文，看看古人的解读。儿童读的话，家长可以让孩子背诵，《老子》朗朗上口，小时记住了会受益一生。

《老子》不适合一次读完，要随时读一读，有时只是一句，慢慢体会。时间长了，由浅入深，慢慢能够切于身心。能够用老子的理解方式去思考，所谓上士闻道，勤而行之，那是最好了。

《老子》三种注解最好不要一起读，一次看一个就可以了，这样可以通达大义。读《河上公章句》时要注意有曲解的地方。读《指归》完整部分时，不必拘泥和原文一起看，可以单独来阅读，就像读古人讨论道家思想的文章一样。读王弼注，可以找《老子指略》来读，或者看看《周易注》。本书节选《老子指略》部分内容，供读者参考。当然如果读过《老子》，再读读《庄子》，理解会更不同的。

《老子》言简而意丰，疏朗而浑融，隽永而透达。读《老子》能读出趣味，用心去探寻最玄奥的问题，去观察最切的人生，这是老子可能给我们的。众妙之门，是的，《老子》就像是众妙之门，等着读者自己去打开。

六

最后，介绍一下本书的底本和校点情况。

一、《老子》底本选用浙江书局重刻明华亭张氏本，并据简本与帛书本做了少量校勘。《老子河上公章句》底本是四部丛刊影印宋建安虞氏家塾本。《老子指归》的底本是明正统道藏本。王弼《老子注》与《老子》底本相同。校点参考了王卡先生整理的《老子道德经河上公章句》，王德有先生整理的《老子指归》，楼宇烈先生的《王弼集校释》。

二、《老子指归》原分七十二章，上经四十章，基本等同于王弼本下经，下经三十二章，基本等同于王弼本上经。篇题撮取经文首节数字，如"上德不德篇"，"为学日益篇"等。下经亡佚，只有学者辑佚的文字。《指归》原来是上经在前，下经在后。本书正文按照王弼本的次序，因而《指归》上经部分在后，下经部分在前。

三、在排列注文时，先列河上公注，然后列王弼注。《指归》文字较多，且不是单纯的注释文字，故列在最后。

四、河上公本、指归本与王弼本有不少版本不同的地方，有的涉及到注释文字，请读者注意。指归本与王弼本分章不尽相同，故而有的章节没有指归文字，此种情况也请读者注意。

五、《老子河上公章句》每章原有篇题，据王卡先生考证，唐代之前是没有的。本书在正文中没有列上，只标示了王弼本的篇次。我们在附录中列出各篇题目，供读者参考。

目　录

下 篇

附 录

上　篇

一　章

道可道，[1]非常道；[2]名可名，[3]非常名。[4]无名，天地之始；[5]有名，万物之母。[6]故常无欲，以观其妙；[7]常有欲，以观其徼。[8]此两者同出而异名，[9]同谓之玄。[10]玄之又玄，[11]众妙之门。[12]

[1]【河上公注】谓经术政教之道也。

[2]【河上公注】非自然长生之道也。常道当以无为养神，无事安民，含光藏晖，灭迹匿端，不可称道。

[3]【河上公注】谓富贵尊荣，高世之名也。

[4]【河上公注】非自然常在之名也。常名当如婴儿之未言，鸡子之未分，明珠在蚌中，美玉处石间，内虽昭昭，外如愚顽。

【王弼注】可道之道，可名之名，指事造形，非其常也。故不可道，不可名也。

[5]【河上公注】无名者谓道，道无形，故不可名也。始者道本也，吐气布化，出于虚无，为天地本始也。

[6]【河上公注】有名谓天地。天地有形位，有阴阳，有柔刚，是其有名也。万物母者，天地含气生万物，长大成熟，如母之养子也。

【王弼注】凡有皆始于无，故未形、无名之时，则为万物之始。及其有形、有名之时，则长之育之，亭之毒之，为其母也。言道以无形无名始成万物，以始以成而不知其所以，玄之又玄也。

[7]【河上公注】妙，要也。人常能无欲，则可以观道之要，要谓一

也。一出布名道,赞叙明是非也。

【王弼注】妙者,微之极也。万物始于微而后成,始于无而后生。故常无欲空虚,可以观其始物之妙。

[8]【河上公注】徼,归也。常有欲之人,可以观世俗之所归趣也。

【王弼注】徼,归终也。凡有之为利,必以无为用。欲之所本,适道而后济。故常有欲,可以观其终物之徼也。

[9]【河上公注】两者,谓有欲无欲也。同出者,同出人心也。而异名者,所名各异也。名无欲者长存,名有欲者亡身也。

[10]【河上公注】玄,天也。言有欲之人与无欲之人,同受气于天也。

[11]【河上公注】天中复有天也。禀气有厚薄,得中和滋液则生贤圣,得错乱污辱则生贪淫也。

[12]【河上公注】能知天中复有天,禀气有厚薄,除情去欲,守中和,是谓知道要之门户也。

【王弼注】两者,始与母也。同出者,同出于玄也。异名,所施不可同也。在首则谓之始,在终则谓之母。玄者,冥也,默然无有也。始母之所出也,不可得而名,故不可言,同名曰玄。而言谓之玄者,取于不可得而谓之然也。谓之然,则不可以定乎一玄而已,则是名则失之远矣,故曰玄之又玄也。众妙皆从同而出,故曰众妙之门也。

【指归】

太上之象,莫高乎道德,其次莫大乎神明,其次莫大乎太和,其次莫宗乎天地,其次莫著乎阴阳,其次莫明乎大圣。夫道德所以可道而不可原也,神明所以可存而不可伸也,太和所以可以体而不可化也,天地所以可行而不可宣也,阴阳所以可用而不可传也,大圣所以可亲而不可言也。故度之所度者知,而数之可数者少;知之所知者浅,而为之所为者薄;至众之众不可数,而至大之大不可度。微妙穷理,非智之所能测;大成之至,非为之所能得;天地之间,祸乱患咎,非事之所能克也。故不道之道，不德之德，政之元也；不名之名，亡功而功，化之根也。

是故王者有为而天下有欲，去醇而离厚，清化而为浊。开人耳目，示以声色，养以五味，说以功德，教以仁义，导以礼节。民如寝觉，出于冥室，登丘陵而盼八方，览参辰而见日月，故化可言而德可列，功可陈而名可别。是以知故流而邪伪作，道德壅蔽，神明隔绝，百残萌生，太和消竭。天下徨徨迷惑，驰骋是非之境，失其自然之节。情变至化，糅于万物，悴憔黎黑，忧患满腹；不安其生，不乐其俗，丧其天年，皆伤暴虐。是以君臣相顾而营营，父子相念而恋恋，兄弟相忧而凄凄，民人恐惧而慑身。慑身相结，死不旋踵，为患祸也。父子恋恋，兄弟凄凄，昏定晨省，出辞入面，为天伤也。臣见其君，五色无主，疾趋力拜，翁肩促肘，稽首膝行，以严其上者，为不相亲也。故可道之道，道德彰而非自然也；可名之名，功名显而非素真也。（《云笈七签》卷一引）

有名，非道也；无名，非道也。有为，非道也；无为，非道也。无名而无所不名，无为而无所不为。（《道德真经集义》引）

无名无朕，与神合体，天下恃之，莫知所以，变于虚无，为天地始。（《道德真经藏室纂微篇》引）

有名者之为化也，遵道德，贵神明，师太和，则天地，故为万物母。（《道德真经藏室纂微篇》引）

无欲者，望无望；观其妙者，鉴太清也。（《道德真经玄德纂疏》引）

心如金石、形如枯木、默默隅隅、志如驹犊者，谓无欲之人，复其性命之本也。且有欲之人，食遂境物，亡其坦夷之道，但见边小之缴，迷而不返，丧失真原。（《道德真经集义》引）

二　章

　　天下皆知美之为美，[1]斯恶已；[2]皆知善之为善，[3]斯不善已。[4]故有无相生，[5]难易相成，[6]长短相较，[7]高下相盈，[8]音声相和，[9]前后相随。[10]是以圣人处无为之事，[11]行不言之教。[12]万物作焉而不辞，[13]生而不有，[14]为而不恃，[15]功成而弗居。[16]夫唯弗居，[17]是以不去。[18]

　　[1]【河上公注】自扬己美，使显彰也。

　　[2]【河上公注】有危亡也。

　　[3]【河上公注】有功名也。

　　[4]【河上公注】人所争也。

　　[5]【河上公注】见有而为无也。

　　[6]【河上公注】见难而为易也。

　　[7]【河上公注】见短而为长也。

　　[8]【河上公注】见高而为下也。

　　[9]【河上公注】上唱，下必和也。

　　[10]【河上公注】上行，下必随也。

　　【王弼注】美者，人心之所乐进也；恶者，人心之所恶疾也。美恶，犹喜怒也；善不善，犹是非也。喜怒同根，是非同门，故不可得偏举也。此六者，皆陈自然不可偏举之明数也。

　　[11]【河上公注】以道治也。

　　【王弼注】自然已足，为则败也。

　　[12]【河上公注】以身率导之也。

[13]【河上公注】各自动作，不辞谢而逆止。

[14]【河上公注】元气生万物而不有。

[15]【河上公注】道所施为，不恃望其报也。

【王弼注】智慧自备，为则伪也。

[16]【河上公注】功成事就，退避不居其位。

【王弼注】因物而用，功自彼成，故不居也。

[17]【河上公注】夫惟功成，不居其位。

[18]【河上公注】福德常在，不去其身也。此言不行不可随，不言不可知矣。上六句有高下长短，君开一源，下生百端，百端之变，无不动乱。

【王弼注】使功在己，则功不可久也。

【指归】

人之聪明可绝而不可散，人之情欲可逆而不可顺。饰人之容，伤人之性；养人之欲，损人之命，世人所谓美善者，非至美至善也。夫至美，非世所能见，至善，非世所能知也。（《道德真经玄德纂疏》引）

无以有亡，有以无形；难以易显，易以难彰；寸以尺短，尺以寸长；山以谷摧，谷以山倾；音以声别，声以音停；先以后见，后以先明。故无无则无以见有，无有则无以知无；无难无以知易，无易无以知难；无长无以知短，无短无以知长；无山无以知谷，无谷无以知山；无音无以知声，无声无以知音；无先无以知后，无后无以知先。凡此数者，天地之验、自然之符，陈列暴慢，然否相随，终始反复，不可别离，神明不能遁，阴阳不能违。由此观之，帝王之事不可以有为为也。（《道德真经藏室纂微篇》引）

昭昭不常存，冥冥不常然。荣华扶疏，始于仲春；荠麦阳物，生于秋分；冬至之日，万物滋滋；夏至之日，万物愁悲。（《道德真经藏室纂微篇》引）

夫唯不敢宁居而增修其德者，则忘功而功存，故不居而不去。化与

道均，不望其功；德与天齐，不求其报；遁功逃名，深隐玄域。虽欲不居，是以不去也。（《道德真经玄德纂疏》引）

三　章

不尚贤，[1]使民不争。[2]不贵难得之货，[3]使民不为盗。[4]不见可欲，[5]使民心不乱。[6]是以圣人之治，[7]虚其心，[8]实其腹，[9]弱其志，[10]强其骨，[11]常使民无知无欲，[12]使夫智者不敢为也。[13]为无为，[14]则无不治。[15]

[1]【河上公注】贤谓世俗之贤，辩口明文，离道行权，去质为文也。不尚者，不贵之以禄，不尊之以官也。

[2]【河上公注】不争功名，返自然也。

[3]【河上公注】言人君不御好珍宝，黄金弃于山，珠玉捐于渊也。

[4]【河上公注】上化清静，下无贪人。

[5]【河上公注】放郑声，远佞人。

[6]【河上公注】不邪淫，不惑乱也。

【王弼注】贤，犹能也。尚者，嘉之名也。贵者，隆之称也。唯能是任，尚也曷为？唯用是施，贵之何为？尚贤显名，荣过其任，为而常校能相射。贵货过用，贪者竞趣，穿窬探箧，没命而盗。故可欲不见，则心无所乱也。

[7]【河上公注】说圣人治国与治身也。

[8]【河上公注】除嗜欲，去烦乱也。

[9]【河上公注】怀道抱一，守五神也。

【王弼注】心怀智而腹怀食，虚有智而实无知也。

[10]【河上公注】和柔谦虚，不处权也。

[11]【河上公注】爱精重施, 髓满骨坚。

【王弼注】骨无知以干, 志生事以乱, 心虚则志弱也。

[12]【河上公注】反朴守淳。

【王弼注】守其真也。

[13]【河上公注】思虑深, 不轻言。

【王弼注】智者, 谓知为也。

[14]【河上公注】不造作, 动因循。

[15]【河上公注】德化厚, 百姓安。

【指归】

世尚礼义则人争, 而不逮则为伪。(《道德真经玄德纂疏》引)

盛德者为主, 微劣者为臣, 贤者不万一, 圣人不世出。(《道德真经藏室纂微篇》引)

譬如使驽马、骅骝并驰于夷道, 鸿鹄、鹌鹑双翼于青云, 则贤不肖可知矣。(《道德真经藏室纂微篇》引)

藏珠宝玉则人求, 而不瞻则为盗。发扬三五则人悦, 悦而不穷则邪乱也。(《道德真经玄德纂疏》引)

世不尚贤则民不趋, 不趋则不争, 不争则不为乱; 世不贵货则民不欲, 不欲则不求, 不求则不为盗; 世绝三五则民无喜, 无喜则无乐, 无乐则不淫乱, 此自然之数也。(《道德真经藏室纂微篇》引)

虚心以静气, 专精以积神。寂然无为, 泊然无治。(《道德真经玄德纂疏》引)

无爵禄以劝之而孝慈自起, 无刑罚以禁之而奸邪自止。反真复素, 归于元始, 世主无为, 天人交市, 翱翔自然, 物物而治也。(《道德真经玄德纂疏》引)

四 章

道冲，而用之^[1]或不盈。^[2]渊兮似万物之宗，^[3]挫其锐，^[4]解其纷，^[5]和其光，^[6]同其尘，^[7]湛兮似或存。^[8]吾不知谁之子，^[9]象帝之先。^[10]

[1]【河上公注】冲，中也。道匿名藏誉，其用在中。

[2]【河上公注】或，常也。道常谦虚，不盈满。

[3]【河上公注】道渊深不可知也，似为万物之宗祖。

[4]【河上公注】锐，进也。人欲锐精进取功名，当挫止之，法道不自见也。

[5]【河上公注】纷，结恨也。当念道无为以解释。

[6]【河上公注】言虽有独见之明，当知暗昧，不当以擢乱人也。

[7]【河上公注】常与众庶同垢尘，不当自别殊。

[8]【河上公注】言当湛然安静，故能长存不亡。

[9]【河上公注】老子言：我不知道所从生。

[10]【河上公注】道自在天帝之前，此言道乃先天地生也，至今在者，以能安静湛然不劳烦，欲使人修身法道。

【王弼注】夫执一家之量者，不能全家；执一国之量者，不能成国。穷力举重，不能为用。故人虽知万物治也，治而不以二仪之道，则不能赡也。地虽形魄，不法于天则不能全其宁。天虽精象，不法于道则不能保其精。冲而用之，用乃不能穷；满以造实，实来则溢。故冲而用之，又复不盈，其为无穷亦已极矣。形虽大，不能累其体；事虽殷，不能充其量。万物舍此而求主，主其安在乎？不亦渊兮似万物之宗乎？锐挫而无损，纷解

而不劳，和光而不污其体，同尘而不渝其真，不亦湛兮似或存乎？地守其
形，德不能过其载；天慊其象，德不能过其覆。天地莫能及之，不亦似帝
之先乎？帝，天帝也。

【指归】

　　道以至虚，故动能至冲，德以至无，故动而至和，万物得之莫有不
通冲和者。道德之用，神明之常，天地所遵，阴阳所宗也。（《道德真经
玄德纂疏》引）

　　为冲者不冲，为和者不和，不为冲和，乃得冲和。冲以虚为宅，和者
无为家。能虚能无，至冲有余；能无能虚，常与和俱。（《道德真经藏室
纂微篇》引）

　　有志而无锐，有心而无思，设无设之设，图无图之图也。（《道德
真经玄德纂疏》引）

五 章

天地不仁，[1]以万物为刍狗；[2]圣人不仁，[3]以百姓为刍狗。[4]天地之间，[5]其犹橐籥乎？[6]虚而不屈，动而愈出。[7]多言数穷，[8]不如守中。[9]

[1]【河上公注】天施地化，不以仁恩，任自然也。

[2]【河上公注】天地生万物，人最为贵。天地视之如刍草狗畜，不责望其报也。

【王弼注】天地任自然，无为无造，万物自相治理，故不仁也。仁者必造立施化，有恩有为。造立施化则物失其真，有恩有为则物不具存。物不具存，则不足以备载矣。地不为兽生刍，而兽食刍；不为人生狗，而人食狗。无为于万物而万物各适其所用，则莫不赡矣。若慧由己树，未足任也。

[3]【河上公注】圣人爱养万民，不以仁恩，法天地行自然。

[4]【河上公注】圣人视百姓如刍草狗畜，不责望其礼意。

【王弼注】圣人与天地合其德，以百姓比刍狗也。

[5]【河上公注】天地之间空虚，和气流行，故万物自生。人能除情欲，节滋味，清五藏，则神明居之也。

[6]【河上公注】橐籥中空虚，故能有声气。

【王弼注】橐，排橐也。籥，乐籥也。

[7]【河上公注】言空虚无有屈竭，时动摇之，益出声气也。

【王弼注】橐，排橐也。籥，乐籥也。橐籥之中空洞，无情无为，故虚而不得穷屈，动而不可竭尽也。天地之中，荡然任自然，故不可得而穷, 犹若橐籥也。

[8]【河上公注】多事害神, 多言害身, 口开舌举, 必有祸患。

[9]【河上公注】不如守德于中, 育养精神, 爱气希言。

【王弼注】愈为之则愈失之矣。物树其恶, 事错其言, 不济不言不理, 必穷之数也。橐籥而守数中, 则无穷尽。弃己任物, 则莫不理。若橐籥有意于为声也, 则不足以共吹者之求也。

【指归】

天高而清明, 地厚而顺宁, 阴阳交通, 和气流行, 泊然无为, 万物自生焉。天地非倾心移意、劳精神、务有事、凄凄恻恻、流爱加利、布恩施厚、成遂万物而有以为也。明王圣主, 秉道统和, 清静不改, 一以变化, 神明默达, 与道同仪。天下应之, 万物自化。圣人非竭智尽能、扰心滑志、损精费神、不释思虑、徨徨显显、仁生事利、领理万民而有以为也。(《道德真经藏室纂微篇》引)

天地释虚无而事爱利, 则变化不通, 物不尽生; 圣人释虚无而事爱利, 则德泽不普, 海内不并, 恩不下究, 事不尽成, 何则? 仁爱之为术也有分, 而物类之仰化也无穷, 操有分之制以授无穷之势, 其不相赡, 由川竭而益之以洰也。(《道德真经藏室纂微篇》引)

虮虱动于毛发, 则寝之不安; 蚊虻着于皮肤, 则精神骚动, 思虑不通; 外伤蜂虿之毒, 则中心为之惨痛; 未害于耳目, 而百节为之不用。(《道德真经藏室纂微篇》引)

天地不言, 以其虚无; 得物之中, 生物不穷。圣人不言, 法令虚而合物则。天狱空而无禁, 鬼神静而无为。天下荡荡, 不识不知而大治也。(《道德真经玄德纂疏》引)

言出则患入, 言失则亡身。(《道德真经集义》引)

六 章

谷神不死，[1]是谓玄牝。[2]玄牝之门，是谓天地根。[3]绵绵若存，[4]用之不勤。[5]

[1]【河上公注】谷，养也。人能养神则不死也。神谓五藏之神也。肝藏魂，肺藏魄，心藏神，肾藏精，脾藏志，五藏尽伤，则五神去矣。

[2]【河上公注】言不死之有，在于玄牝。玄，天也，于人为鼻。牝，地也，于人为口。天食人以五气，以鼻入，藏于心，五气清微，为精神聪明，音声五性。其鬼曰魂，魂者雄也，主出入人鼻，与天通，故鼻为玄也。地食人以五味，从口入，藏于胃。五味浊辱，为形骸骨肉，血脉六情。其鬼曰魄，魄者雌也，主出入于口，与地通，故口为牝也。

[3]【河上公注】根，元也。言鼻口之门，是乃通天地之元气所从往来。

【王弼注】门，玄牝之所由也，本其所由，与极同体，故谓之天地之根也。

[4]【河上公注】鼻口呼噏喘息，当绵绵微妙，若可存，复若无有。

[5]【河上公注】用气常宽舒，不当急疾勤劳也。

【王弼注】谷神，谷中央无谷也。无形无影，无逆无违，处卑不动，守静不衰，谷以之成而不见其形，此至物也。处卑而不可得名，故谓天地之根，绵绵若存，用之不勤。门，玄牝之所由也。本其所由，与极同体，故谓之天地之根也。欲言存邪，则不见其形；欲言亡邪，万物以之生，故绵绵若存也。无物不成，用而不劳也，故曰用而不勤也。

【指归】

太和妙气，妙物若神，空虚为家，寂泊为常，出入无窍，往来无间，动无不遂，静无不成，化化而不化，生生而不生也。（《道德真经玄德纂疏》引）

牝以雌柔而能生，玄犹幽远而不见，虽子物如母，莫睹其形。（《道德真经玄德纂疏》引）

太和之所以生而不死，始而不终，开导神明，为天地之根元。（《道德真经玄德纂疏》引）

动静玄妙，若亡若存，成物遂事，无所不然，光而不灭，用之不勤者，以其生不生之生，体无形之形也。（《道德真经玄德纂疏》引）

七　章

　　天长地久。[1]天地所以能长且久者, 以其不自生,[2]故能长生。[3]是以圣人后其身[4]而身先,[5]外其身[6]而身存。[7]非以其无私邪?[8]故能成其私。[9]

　　[1]【河上公注】说天地长生久寿, 以喻教人也。

　　[2]【河上公注】天地所以独长且久者, 以其安静, 施不荣报, 不如人居处汲汲, 求自饶之利, 夺人以自与。

　　【王弼注】自生则与物争, 不自生则物归也。

　　[3]【河上公注】以其不求生, 故能长生不终也。

　　[4]【河上公注】先人而后己者也。

　　[5]【河上公注】天下敬之, 先以为长。

　　[6]【河上公注】薄己而厚人也。

　　[7]【河上公注】百姓爱之如父母, 神明祐之若赤子, 故身常存。

　　[8]【河上公注】圣人为人所爱, 神明所祐, 非以其公正无私所致乎?

　　【王弼注】无私者, 无为于身也。

　　[9]【河上公注】人以为私者, 欲以厚己也。圣人无私而己自厚, 故能成其私也。

　　【王弼注】无私者, 无为于身也。身先身存, 故曰能成其私也。

【指归】

　　圣人威震八表, 聪明四达, 委虑于无欲, 归计于不为, 卑身以尊天，后己以安人，故不为而成，不言而信，人愿为主。故先人逆身以顺道，外己以安人，功大无外而不可见，德高如盖而不可闻，化与神明同流，寿与山川为常，故存。(《道德真经玄德纂疏》引)

八 章

上善若水。[1]水善利万物[2]而不争,处众人之所恶,[3]故几于道。[4]居善地,[5]心善渊,[6]与善仁,[7]言善信,[8]正善治,[9]事善能,[10]动善时。[11]夫唯不争,[12]故无尤。[13]

[1]【河上公注】上善之人,如水之性。

[2]【河上公注】水在天为雾露,在地为泉源也。

[3]【河上公注】众人恶卑湿垢浊,水独静流居之也。

【王弼注】人恶卑也。

[4]【河上公注】水性几与道同。

【王弼注】道无水有,故曰几也。

[5]【河上公注】水性善喜于地,草木之上即流而下,有似于牝,动而下人也。

[6]【河上公注】水深空虚,渊深清明。

[7]【河上公注】万物得水以生,与虚不与盈也。

[8]【河上公注】水内影照形,不失其情也。

[9]【河上公注】无有不洗,清且平也。

[10]【河上公注】能方能圆,曲直随形。

[11]【河上公注】夏散冬凝,应期而动,不失天时。

[12]【河上公注】壅之则止,决之则流,听从人也。

[13]【河上公注】水性如是,故天下无有怨尤水者也。

【王弼注】言人皆应于治道也。

【指归】

　　人者，体柔守弱，去高处下；受辱如地，含垢如海；言顺人心，身在人后。人之所恶，常独处之；恬若无心，荡若无己；变动无常，与道流止。去己任因，莫过于水，帝王体之，用之为治。其德微妙，有何忧矣？（《道德真经玄德纂疏》引）

九 章

持而盈之，不如其已。[1]揣而梲之，不可长保。[2]金玉满堂，莫之能守。[3]富贵而骄，自遗其咎。[4]功遂身退，天之道。[5]

[1]【河上公注】盈，满也。已，止也。持满必倾，不如止也。

【王弼注】持，谓不失德也。既不失其德，又盈之，势必倾危。故不如其已者，谓乃更不如无德无功者也。

[2]【河上公注】揣，治也。先揣之，后必弃捐。

【王弼注】既揣末令尖，又锐之令利，势必摧衄，故不可长保也。

[3]【河上公注】嗜欲伤神，财多累身。

【王弼注】不若其已。

[4]【河上公注】夫富当赈贫，贵当怜贱，而反骄恣，必被祸患也。

【王弼注】不可长保也。

[5]【河上公注】言人所为，功成事立，名迹称遂，不退身避位则遇于害，此乃天之常道也。譬如日中则移，月满则亏，物盛则衰，乐极则哀。

【王弼注】四时更运，功成则移。

【指归】

污众趣时，以致财货。财货愈重，神明愈耗。财货累积以生患咎，不如未盈而止者矣。(《道德真经玄德纂疏》引)

砥心锐志，运筹策著，智能爵尊，名达身进，神去安可长保也！(《道德真经玄德纂疏》引)

富贵之于我也，犹登山而长望也；名势之于我，犹奔电之息过也。（《道德真经藏室纂微篇》引）

金玉之与身，而名势之与神，若冰若炭，势不俱存。故名者，神之秽也；利者，身之害也。养神之秽，积身之害，损我之所成而益我之所败；得之以为利，失之以为害，则彼思虑迷而趣舍悖也。（《道德真经藏室纂微篇》引）

益我货者损我神，生我名者杀我身。患生于我，不由于人；福生于我，不由于天。（《道德真经藏室纂微篇》引）

富贵而不骄，易言而难行；身愈尊贵，志愈高远。而富贵而骄，犹炬得火，举名愈大，炬明愈尽。可不慎乎？（《道德真经玄德纂疏》引）

十　章

载营魄[1]抱一,能无离乎?[2]专气致柔,[3]能婴儿乎?[4]涤除玄览,[5]能无疵乎?[6]爱民治国,[7]能无知乎?[8]天门开阖,[9]能无雌乎?[10]明白四达,[11]能无为乎?[12]生之[13]畜之。[14]生而不有,[15]为而不恃,[16]长而不宰,[17]是谓玄德。[18]

[1]【河上公注】营魄,魂魄也。人载魂魄之上得以生,当爱养之。喜怒亡魂,卒惊伤魄。魂在肝,魄在肺,美酒甘肴,腐人肝肺,故魂静志道不乱,魄安得寿延年也。

[2]【河上公注】言人能抱一,使不离于身,则长存。一者,道始所生,大和之精气也,故曰一。布名于天下,天得一以清,地得一以宁,侯王得一以正平。入为心,出为行,布施为德,总名为一。一之为言,志一无二也。

【王弼注】载,犹处也。营魄,人之常居处也。一,人之真也。言人能处常居之宅,抱一清神,能常无离乎?则万物自宾也。

[3]【河上公注】专守精气使不乱,则形体能应之而柔顺。

[4]【河上公注】能如婴儿内无思虑,外无政事,则精神不去也。

【王弼注】专,任也。致,极也。言任自然之气,致至柔之和,能若婴儿之无所欲乎?则物全而性得矣。

[5]【河上公注】当洗其心使洁净也。心居玄冥之处,览知万事,故谓之玄览也。

[6]【河上公注】不淫邪也。

【王弼注】玄,物之极也。言能涤除邪饰,至于极览,能不以物介其明。疵之其神乎? 则终与玄同也。

[7]【河上公注】治身者爱气,则身全;治国者爱民,则国安。

[8]【河上公注】治身者呼吸精气,无令耳闻也;治国者布施惠德,无令下知也。

【王弼注】任术以求成,运数以求匿者,智也。玄览无疵,犹绝圣也。治国无以智,犹弃智也。能无以智乎? 则民不辟而国治之也。

[9]【河上公注】天门谓北极紫微宫,开阖谓终始五际也。治身,天门谓鼻孔,开谓喘息,阖谓呼吸也。

[10]【河上公注】治身当如雌牝,安静柔弱。治国应变,和而不唱。

【王弼注】天门,谓天下之所由从也。开阖,治乱之际也,或开或阖,经通于天下,故曰天门开阖也。雌,应而不倡,因而不为。言天门开阖,能为雌乎? 则物自宾而处自安矣。

[11]【河上公注】言道明白如日月四通,满于天下八极之外,故曰视之不见,听之不闻,彰布之于十方,焕焕煌煌也。

[12]【河上公注】无有能知道满于天下者。

【王弼注】言至明四达,无迷无惑,能无以为乎? 则物化矣。所谓道常无为,侯王若能守,则万物自化。

[13]【王弼注】不塞其原也。

[14]【河上公注】道生万物而畜养之。

【王弼注】不禁其性也。

[15]【河上公注】道生万物,无所取有。

[16]【河上公注】道所施为,不恃望其报也。

[17]【河上公注】道长养万物,不宰割以为器用。

[18]【河上公注】言道行德玄冥,不可得见,欲使人如道也。

【王弼注】不塞其原,则物自生,何功之有? 不禁其性,则物自济,何为之恃? 物自长足,不吾宰成,有德无生,非玄如何? 凡言玄德,皆有德而不知其主，出乎幽冥。

【指归】

　　不有不恃，不以不宰，变化冥冥，天地自理。去华离末，归初反始，祸绝于我，乱亡于彼。福起于天，德生于地，默默辊辊，万物齐均，其德玄冥，莫之见闻也。(《道德真经玄德纂疏》引)

十一章

三十辐共一毂，[1]当其无，有车之用。[2]埏埴以为器，[3]当其无，有器之用。[4]凿户牖以为室，[5]当其无，有室之用。[6]故有之以为利，[7]无之以为用。[8]

[1]【河上公注】古者，车三十辐，法月数也。共一毂者，毂中有孔，故众辐共凑之。治身者当除情去欲，使五藏空虚，神乃归之也。治国者寡能总众，弱共使强。

[2]【河上公注】无谓空虚。毂中空虚，车得去行；舆中空虚，人能载其上也。

【王弼注】毂所以能统三十辐者，无也。以其无能受物之故，故能以实统众也。

[3]【河上公注】埏，和也。埴，土也。和土以为饮食之器。

[4]【河上公注】器中空虚，故得有所盛受。

[5]【河上公注】谓作屋室。

[6]【河上公注】言户牖空虚，人得以出入观；视室中空虚，人得以居处，是其用。

[7]【河上公注】利，物也，利于形用。器中有物，室中有人，恐其屋破坏。腹中有神，畏形之消亡也。

[8]【河上公注】言虚空者乃可用盛受万物，故曰虚无能制有形。道者，空也。

【王弼注】木、埴、壁之所以成三者，而皆以无为用也。言无者，有之所以为利，皆赖无以为用也。

【指归】

太古圣人之牧民也，因天地之所为，不事乎智巧，饮则用瓢，食则用手，万物齐均，无有高下。及至王者有为，赋重役烦，百姓罢极，上求不厌，贡献辽远，男女负载，不胜其任，故智者作为推毂，驾马服牛，负重致远，解缓民劳。后世相承，巧作滋生，雕琢斑毂朱轮，饰以金银，加以翠玑，一车之费，足以贫民。是以老氏伤创作之害道德，明为善之生祸乱也，故举车、器、室三事，说有、无、利、用之相资，因以垂戒云。（《道德真经藏室纂微篇》引）

道德衰废之时，忧患攻其内，阴阳贼其外，民人薄弱，羸瘦多疾。是故水火齐起，五味将形，生熟不别，乾渍不分。故智者埏土为器，以熟酸咸，遂至田猎奢淫，残贼群生，刳胎杀鷇以顺君心，雕琢珠玉以为盂盘。朴散为器，一至于斯。（《道德真经藏室纂微篇》引）

人心既变，万物怨恨，虫蛇起，毒蠚作，禽兽害人，于是岩穴之中不足以御患难、全性命、终天年。故智者作为居室，上栋下宇，穿窗候望，坚关固闭，开阖疾利，蜂虿不得入，禽兽不得至。而后遂至华台危阁、阿房之殿，大关守险，筑城为固，士卒疲倦，死者无数。然而上世以为治、后世以为乱者，此乃有、无、利、用相因之弊，盖在乎人尔！（《道德真经藏室纂微篇》引）

十二章

五色令人目盲，^[1]五音令人耳聋，^[2]五味令人口爽。^[3]驰骋畋猎，令人心发狂，^[4]难得之货，令人行妨。^[5]是以圣人为腹^[6]不为目，^[7]故去彼取此。^[8]

[1]【河上公注】贪淫好色，则伤精失明也。

[2]【河上公注】好聽五音，则和气去心，不能聽无声之声。

[3]【河上公注】爽，亡也。人嗜五味于口，则口亡，言失于道也。

[4]【河上公注】人精神好安静，驰骋呼吸，精神散亡，故发狂也。

【王弼注】爽，差失也。失口之用，故谓之爽。夫耳目心，皆顺其性也。不以顺性命，反以伤自然，故曰聋、盲、爽、狂也。

[5]【河上公注】妨，伤也。难得之货谓金银珠玉，心贪意欲，不知厌足，则行伤身辱也。

【王弼注】难得之货，塞人正路，故令人行妨也。

[6]【河上公注】守五性，去六情，节志气，养神明。

[7]【河上公注】目不妄视，妄视泄精于外。

[8]【河上公注】去彼目之妄视，取此腹之养性。

【王弼注】为腹者以物养己，为目者以物役己，故圣人不为目也。

【指归】

淫于五色之变，视不见祸福之形色者，陷目之锥也；佚于五音之变者，听不闻吉凶之声者，塞耳之椎也；美于五味之变者，口不中是非之情味者，斩舌之器也。（《道德真经玄德纂疏》引）

乐于田猎之变者,思不免于狂惑。田猎者,狂惑之帅也。(《道德真经玄德纂疏》引)

贪于货财之变,虑不免于邪倾。财货者,害本之物矣。(《道德真经玄德纂疏》引)

夫圣人者,服无色之色,听无声之声,味无味之味,驰骋无境之域,经历无界之方,发无形之网,获道德之心矣!(《道德真经玄德纂疏》引)

十三章

宠辱若惊，[1]贵大患若身。[2]何谓宠辱[3]若惊？宠为下，[4]得之若惊，[5]失之若惊，[6]是谓宠辱若惊。[7]何谓贵大患若身？[8]吾所以有大患者，为吾有身；[9]及吾无身，[10]吾有何患？[11]故贵以身为天下，若可寄天下；[12]爱以身为天下，若可托天下。[13]

[1]【河上公注】身宠亦惊，身辱亦惊。

[2]【河上公注】贵，畏也。若，至也。畏大患至身，故皆惊。

[3]【河上公注】问何为宠？何为辱？宠者尊荣，辱者耻辱。及身还自问者，以晓人也。

[4]【河上公注】辱为下贱。

[5]【河上公注】得宠荣惊者，处高位如临深危也。贵不敢骄，富不敢奢。

[6]【河上公注】失者，失宠处辱也。惊者，恐祸重来也。

[7]【河上公注】解上得之若惊，失之若惊。

【王弼注】宠必有辱，荣必有患，惊辱等，荣患同也。为下得宠辱荣患若惊，则不足以乱天下也。

[8]【河上公注】复还自问，何故畏人若身？

【王弼注】大患，荣宠之属也。生之厚，必入死之地，故谓之大患也。人迷之于荣宠，返之于身，故曰大患若身也。

[9]【河上公注】吾所以有大患者，为吾有身，有身忧其勤劳，念其饥寒，触情纵欲，则遇祸患也。

【王弼注】由有其身也。

[10]【王弼注】归之自然也。

[11]【河上公注】使吾无有身体,得道自然,轻举升云,出入无间,与道通神,当有何患?

[12]【河上公注】言人君贵其身而贱人,欲为天下主者,则可寄立,不可以久也。

【王弼注】无以易其身,故曰贵也。如此,乃可以托天下也。

[13]【河上公注】言人君能爱其身,非为己也,乃欲为万民之父母。以此得为天下主者,乃可以托其身于万民之上,长无咎也。

【王弼注】无物可以损其身,故曰爱也,如此乃可以寄天下也。不以宠辱荣患损易其身,然后乃可以天下付之也。

【指归】

休心道德,记志神明,和为中主,澹若不生。无计之计,经营天地;无虑之虑,翱翔混冥;存忘变化,不以为异;尊宠卑贱,无所少多。贵大亡于身,故大患不能得,天网不能取也。(《道德真经玄德纂疏》引)

十四章

视之不见名曰夷，[1]听之不闻名曰希，[2]搏之不得名曰微。[3]此三者不可致诘，[4]故混而为一。[5]其上不皦，[6]其下不昧，[7]绳绳不可名，[8]复归于无物。[9]是谓无状之状，[10]无物之象，[11]是谓惚恍。[12]迎之不见其首，[13]随之不见其后。[14]执古之道，以御今之有。[15]能知古始，是谓道纪。[16]

[1]【河上公注】无色曰夷。言一无采色，不可得视而见之。

[2]【河上公注】无声曰希。言一无音声，不可得听而闻之。

[3]【河上公注】无形曰微。言一无形体，不可抟持而得之。

[4]【河上公注】三者，谓夷、希、微也。不可致诘者，夫无色、无声、无形，口不能言，书不能传，当受之以静，求之以神，不可诘问而得之也。

[5]【河上公注】混，合也。故合于三名之而为一。

【王弼注】无状无象，无声无响，故能无所不通，无所不往。不得而知，更以我耳、目、体，不知为名，故不可致诘，混而为一也。

[6]【河上公注】言一在天上，不皦皦光明。

[7]【河上公注】言一在天下，不昧昧有所暗冥。

[8]【河上公注】绳绳者，动行无穷极也。不可名者，非一色也，不可以青黄白黑别；非一声也，不可以宫商角徵羽听；非一形也，不可以长短大小度之也。

[9]【河上公注】物，质也。复当归之于无质。

[10]【河上公注】言一无形状，而能为万物作形状也。

[11]【河上公注】一无物质, 而为万物设形象也。

【王弼注】欲言无邪? 而物由以成; 欲言有邪? 而不见其形, 故曰无状之状, 无物之象也。

[12]【河上公注】一, 忽忽恍恍者, 若存若亡, 不可见之也。

【王弼注】不可得而定也。

[13]【河上公注】一无端末, 不可预待也。除情去欲, 一自归之也。

[14]【河上公注】言一无影迹, 不可得而看。

[15]【河上公注】圣人执守古道, 生一以御物, 知今当有一也。

【王弼注】有, 有其事。

[16]【河上公注】人能知上古本始有一, 是谓知道纲纪也。

【王弼注】无形无名者, 万物之宗也。虽今古不同, 时移俗易, 故莫不由乎此, 以成其治者也。故可执古之道, 以御今之有, 上古虽远, 其道存焉, 故虽在今, 可以知古始也。

【指归】

夫鸿之未成, 剖其卵而视之, 非鸿也。然其形声首尾皆已具存, 此是无鸿之鸿也。而况乎未有鸿卵之时而造化为之者哉! 由此观之, 太极之原、天地之先, 素有形声端绪而不可见闻, 亦明矣! 不以视视者, 能见之; 不以听听者, 能闻之; 不以循循者, 能得之; 不以言言者, 能辩之。是故无形之形, 天地以生, 谓之夷; 无声之声, 五音以始, 谓之希; 无绪之绪, 万端以起, 谓之微。(《道德真经藏室纂微篇》引)

沉沉泛泛, 复归虚空, 曲成万物, 皆得以存, 穷微极妙, 尽得以然, 周流上下, 莫睹其无也。(《道德真经玄德纂疏》引)

无状之状, 无所不状; 无象之象, 无所不象; 光于惚恍, 无所不显; 大而若小, 存而若亡也。(《道德真经玄德纂疏》引)

执古自然以御于今, 不为夷狄变则, 不为中国改容。一以知始, 一以知终, 仰制于道, 物无不悬; 无所不主, 无所不临, 其职溥大, 无所不然。为虚纲纪, 天地祖宗也。(《道德真经玄德纂疏》引)

十五章

古之善为士者，^[1]微妙玄通，^[2]深不可识。^[3]夫唯不可识，故强为之容：^[4]豫兮若冬涉川，^[5]犹兮若畏四邻，^[6]俨兮其若客，^[7]涣兮若冰之将释，^[8]敦兮其若朴，^[9]旷兮其若谷，^[10]混兮其若浊。^[11]孰能浊以静之徐清？^[12]孰能安以久动之徐生？^[13]保此道者不欲盈。^[14]夫唯不盈，故能蔽不新成。^[15]

[1]【河上公注】谓得道之君也。

[2]【河上公注】玄，天也。言其志节玄妙，精与天通也。

[3]【河上公注】道德深远，不可识知，内视若盲，反听若聋，莫知所长。

[4]【河上公注】谓下句也。

[5]【河上公注】举事辄加重慎，与与兮若冬涉川，心犹难之也。

【王弼注】冬之涉川，豫然若欲度，若不欲度，其情不可得见之貌也。

[6]【河上公注】其进退犹犹如拘制，若人犯法，畏四邻知之也。

【王弼注】四邻合攻中央之主，犹然不知所趣向者也。上德之人，其端兆不可睹，德趣不可见，亦犹此也。

[7]【河上公注】如客畏主人，俨然无所造作也。

[8]【河上公注】涣者解散，释者消亡，除情去欲，日以空虚。

[9]【河上公注】敦者质厚，朴者形未分，内守精神，外无文采也。

[10]【河上公注】旷者宽大，谷者空虚，不有德功名，无所不包

也。

[11]【河上公注】浑者守本真，浊者不照然也。与众合同，不自尊。

【王弼注】凡此诸若，皆言其容象不可得而形名也。

[12]【河上公注】孰，谁也。谁能知水之浊止而净之，徐徐自清也。

[13]【河上公注】谁能安静以久，徐徐以长生也。

【王弼注】夫晦以理物则得明，浊以静物则得清，安以动物则得生，此自然之道也。孰能者，言其难也。徐者，详慎也。

[14]【河上公注】保此徐生之道，不欲奢泰盈溢。

【王弼注】盈必溢也。

[15]【河上公注】夫唯不盈满之人，能守蔽不为新成。蔽者匿光荣也，新成者贵功名。

【王弼注】蔽，覆盖也。

【指归】

上通道德之意，下达神明之心，秉天地之常，挟阴阳之变，犹以隐匿形容，绝灭端绪，作事由反，不可识知。（《道德真经玄德纂疏》引）

无留碍尔。客者，因应而不创，顺道从天。常如俨客，不为主人易堂宇、改妻妾尔。冰者，常阴而不阳，静而不哗，随事变化，与物推移。柔弱润滑，无所不可，犹冬积为冰，春释为水，天顺时也。（《道德真经玄德纂疏》引）

十六章

致虚极，[1]守静笃，[2]万物并作，[3]吾以观复。[4]夫物芸芸，[5]各复归其根。[6]归根曰静，[7]是曰复命，[8]复命曰常。[9]知常曰明，[10]不知常，妄作凶。[11]知常容，[12]容乃公，[13]公乃王，[14]王乃天，[15]天乃道，[16]道乃久，[17]没身不殆。[18]

[1]【河上公注】得道之人捐情去欲，五内清净，至于虚极。

[2]【河上公注】守清净，行笃厚。

【王弼注】言致虚，物之极笃；守静，物之真正也。

[3]【河上公注】作，生也。万物并生也。

【王弼注】动作生长。

[4]【河上公注】言吾以观见万物无不皆归其本也，人当念重本也。

【王弼注】以虚静观其反复。凡有起于虚，动起于静，故万物虽并动作，卒复归于虚静，是物之极笃也。

[5]【河上公注】芸芸者，华叶盛。

[6]【河上公注】言万物无不枯落，各复反其根而更生也。

【王弼注】各反其所始也。

[7]【河上公注】静谓根也。根安静柔弱，谦卑处下，故不复死也。

[8]【河上公注】言安静者是为复还性命，使不死也。

[9]【河上公注】复命使不死，乃道之所常行也。

【王弼注】归根则静，故曰静。静则复命，故曰复命也。复命则得性命之常, 故曰常也。

[10]【河上公注】能知道之所常行, 则为明。

[11]【河上公注】不知道之所常行, 妄作巧诈, 则失神明, 故凶也。

【王弼注】常之为物, 不偏不彰, 无皦昧之状, 温凉之象, 故曰知常曰明也。唯此复乃能包通万物, 无所不容。失此以往, 则邪入乎分, 则物离其分, 故曰不知常, 则妄作凶也。

[12]【河上公注】能知道之所常行, 去情忘欲, 无所不包容也。

【王弼注】无所不包通也。

[13]【河上公注】无所不包容, 则公正无私, 众邪莫当。

【王弼注】无所不包通, 则乃至于荡然公平也。

[14]【河上公注】公正无私, 可以为天下王。治身正则形一, 神明千万, 共凑己躬也。

【王弼注】荡然公平, 则乃至于无所不周普也。

[15]【河上公注】能王, 德合神明, 乃与天通。

【王弼注】无所不周普, 则乃至于同乎天也。

[16]【河上公注】德与天通, 则与道合同也。

【王弼注】与天合德, 体道大通, 则乃至于极虚无也。

[17]【河上公注】与道合同, 乃能长久。

【王弼注】穷极虚无, 得道之常, 则乃至于不穷极也。

[18]【河上公注】能公能王, 通天合道, 四者纯备, 道德弘远, 无殃无咎, 乃与天地俱没, 不危殆也。

【王弼注】无之为物, 水火不能害, 金石不能残。用之于心, 则虎兕无所投其齿角, 兵戈无所容其锋刃, 何危殆之有乎?

【指归】

道德虚无, 故能禀授; 天地清静, 故能变化; 阴阳反覆, 故能生杀; 日月进退, 故能光耀; 四时始终, 故能育成。释虚无, 则道德不能以然；去清静，则天地不能以存；往而不反，则阴阳不能以通；进而不退，则日月不能以明；终而不始，则万物不能以生。是故有而反无，实而归虚，心无所载，志无所障，无为如塞，不忧如狂，抱真履素，捐弃聪明，不知为首，空虚为常，则神明极而自然穷矣！动作反身，思虑复神；藏我于无心，载形于无身；不便生者不以役志，不利天者不以滑神；事易而神不变，内流而外不化；覆视反听，与神推移，上与天游，下与世交；神守不扰，生气不劳，趣舍屈伸，正得中道。(《道德真经藏室纂微篇》引)

始于无为，动于无形，发于时和，以遂成功也。(《道德真经玄德纂疏》引)

天地反覆，故能长久；人复寝寐，故能聪明；飞鸟复集，故能高翔；走兽复止，故能远腾；龙蛇复蛰，故能章章；草木复本，故能青青。化复，则神明得位，与虚无通，魂休魄息，各得所安，志宁气顺，血脉和平。(《道德真经藏室纂微篇》引)

失道之人，废弃经常，事其聪明，纵其志欲，妄作凶行。故知以受祸，明以造殃，深察以死，博辩以亡。夫何故哉？不反元始，不复本根，动与道乖，静与神殊。存，故不能存也；然，故不能然也。(《道德真经玄德纂疏》引)

游心于虚静，结志于微妙，委虑于无欲，归指于无为，故能达生延命，与道为久。(《云笈七签》卷三十二引)

十七章

太上，下知有之。^[1]其次亲而誉之，^[2]其次畏之，^[3]其次侮之。^[4]信不足焉，^[5]有不信焉。^[6]悠兮其贵言，^[7]功成事遂，^[8]百姓皆谓我自然。^[9]

[1]【河上公注】太上，谓太古无名之君也。下知有之者，下知上有君，而不臣事，质朴也。

【王弼注】太上，谓大人也。大人在上，故曰太上。大人在上，居无为之事，行不言之教，万物作焉而不为始，故下知有之而已，言从上也。

[2]【河上公注】其德可见，恩惠可称，故亲爱而誉之。

【王弼注】不能以无为居事，不言为教，立善行施，使下得亲而誉之也。

[3]【河上公注】设刑法以治之。

【王弼注】不能复以恩仁令物，而赖威权也。

[4]【河上公注】禁多令烦，不可归诚，故欺侮之。

【王弼注】不能法以正齐民，而以智治国，下知避之，其令不从，故曰侮之也。

[5]【河上公注】君信不足于下，下则应之以不信，而欺其君也。

[6]【王弼注】夫御体失性则疾病生，辅物失真则疵衅作。信不足焉，则有不信，此自然之道也。已处不足，非智之所齐也。

[7]【河上公注】说太上之君，举事犹贵重于言，恐离道失自然。

[8]【河上公注】谓天下太平也。

[9]【河上公注】百姓不知君上之德淳厚，反以为己自当然也。

　　【王弼注】自然，其端兆不可得而见也，其意趣不可得而睹也。无物可以易其言，言必有应，故曰悠兮其贵言也。居无为之事，行不言之教，不以形立物，故功成事遂，而百姓不知其所以然也。

【指归】

　　人乐为主，曰帝也。(《道德真经玄德纂疏》引)

十八章

大道废,有仁义。[1]智慧出,有大伪。[2]六亲不和,有孝慈。[3]国家昏乱,有忠臣。[4]

[1]【河上公注】大道之时,家有孝子,户有忠信,仁义不见也。大道废不用,恶逆生,乃有仁义可传道也。

【王弼注】失无为之事,更以施慧立善,道进物也。

[2]【河上公注】智慧之君,贱德而贵言,贱质而贵文,下则应之以为大伪奸诈。

【王弼注】行术用明,以察奸伪,趣睹形见,物知避之,故智慧出则大伪生也。

[3]【河上公注】六亲绝,亲戚不和,乃有孝慈相牧养也。

[4]【河上公注】政令不行,上下相怨,邪僻争权,乃有忠臣匡正其君也。此言天下太平,不知仁人;尽无欲,不知廉;各洁己,不知贞。大道之君,仁义没,孝慈灭,犹日中盛时,众星失光。

【王弼注】甚美之名生于大恶,所谓美恶同门。六亲,父子、兄弟、夫妇也。若六亲自和,国家自治,则孝慈忠臣不知其所在矣。鱼相忘于江湖之道,则相濡之德生也。

十九章

绝圣[1]弃智，[2]民利百倍；[3]绝仁弃义，[4]民复孝慈；[5]绝巧弃利，[6]盗贼无有。[7]此三者[8]以为文不足，[9]故令有所属：[10]见素抱朴，[11]少私寡欲。[12]

[1]【河上公注】绝圣制作，反初守元，五帝画象，苍颉作书，不如三皇结绳无文。

[2]【河上公注】弃智慧，反无为。

[3]【河上公注】农事修，公无私。

[4]【河上公注】绝仁之见恩惠，弃义之尚华言。

[5]【河上公注】德化淳也。

[6]【河上公注】绝巧者，诈伪乱真也。弃利者，塞贪路，闭权门也。

[7]【河上公注】上化公政，下无邪私。

[8]【河上公注】谓上三事所弃绝也。

[9]【河上公注】以为文不足者，文不足以教民。

[10]【河上公注】当如下句。

[11]【河上公注】见素者，当抱素守真，不尚文饰也。抱朴者，当见其笃朴以示下，故可法则。

[12]【河上公注】少私者，正无私也。寡欲者，当知足也。

【王弼注】圣智，才之善也；仁义，人之善也；巧利，用之善也。而直云绝，文甚不足，不令之有所属，无以见其指，故曰此三者以为文而未足，故令人有所属，属之于素朴寡欲。

二十章

绝学[1]无忧。[2]唯之与阿,相去几何?[3]善之与恶,相去若何?[4]人之所畏,不可不畏。[5]荒兮其未央哉![6]众人熙熙,[7]如享太牢,[8]如春登台。[9]我独泊兮其未兆,[10]如婴儿之未孩,[11]儽儽兮若无所归。[12]众人皆有余,[13]而我独若遗,[14]我愚人之心也哉![15]沌沌兮。[16]俗人昭昭,[17]我独昏昏;[18]俗人察察,[19]我独闷闷。[20]澹兮其若海,[21]飂兮若无止。[22]众人皆有以,[23]而我独顽[24]似鄙。[25]我独异于人,[26]而贵食母。[27]

[1]【河上公注】绝学不真,不合道文。

[2]【河上公注】除浮华,则无忧患也。

[3]【河上公注】同为应对,而相去几何?疾时贱质而贵文。

[4]【河上公注】善者和誉,恶者谏争,能相去何如?疾时恶忠直,用邪佞也。

[5]【河上公注】人谓道人也。人所畏者,畏不绝学之君也。不可不畏,近令色,杀仁贤。

【王弼注】下篇,为学者日益,为道者日损。然则学求益所能,而进其智者也。若将无欲而足,何求于益?不知而中,何求于进?夫燕雀有匹,鸠鸽有仇,寒乡之民,必知旃裘,自然已足,益之则忧。故续凫之足,何异截鹤之颈?畏誉而进,何异畏刑?唯阿美恶,相去若何?故人之所畏,吾亦异焉,未敢恃之以为用也。

[6]【河上公注】言世俗人荒乱,欲进学为文,未央止也。

【王弼注】叹与俗相返之远也。

[7]【河上公注】熙熙,淫放多情欲也。

[8]【河上公注】如饥思太牢之具,意无足时也。

[9]【河上公注】春阴阳交通,万物感动,登台观之,意志淫淫然。

【王弼注】众人迷于美进,惑于荣利,欲进心竞,故熙熙如享太牢,如春登台也。

[10]【河上公注】我独怕然安静,未有情欲之形兆也。

[11]【河上公注】如小儿未能答偶人时也。

【王弼注】言我廓然无形之可名,无兆之可举,如婴儿之未能孩也。

[12]【河上公注】我乘乘如穷鄙,无所归就。

【王弼注】若无所宅。

[13]【河上公注】众人余财以为奢,余智以为诈。

[14]【河上公注】我独如遗弃,似于不足也。

【王弼注】众人无不有怀有志,盈溢胸心,故曰皆有余也。我独廓然,无为无欲,若遗失之也。

[15]【河上公注】不与俗人相随,守一不移,如愚人之心也。

【王弼注】绝愚之人,心无所别析,意无所好欲,犹然其情不可睹,我颓然若此也。

[16]【河上公注】无所分别。

【王弼注】无所别析,不可为明。

[17]【河上公注】明且达也。

【王弼注】耀其光也。

[18]【河上公注】如暗昧也。

[19]【河上公注】察察,急且疾也。

【王弼注】分别、别析也。

[20]【河上公注】闷闷,无所割截。

[21]【河上公注】我独忽忽,如江海之流,莫知其所穷极也。

【王弼注】情不可睹。

[22]【河上公注】我独漂漂，若飞若扬，无所止也，志意在神域也。

【王弼注】无所系絷。

[23]【河上公注】以有为也。

【王弼注】以，用也。皆欲有所施用也。

[24]【河上公注】我独无为。

[25]【河上公注】似鄙，若不逮也。

【王弼注】无所欲为，闷闷昏昏，若无所识，故曰顽且鄙也。

[26]【河上公注】我独与人异也。

[27]【河上公注】食，用也。母，道也。我独贵用道也。

【王弼注】食母，生之本也。人者皆弃生民之本，贵末饰之华，故曰我独欲异于人。

【指归】

　　俗学则尊辩贵知，群居党议，吉人得之以益，凶人得之以损。天地之内吉人寡而凶人众，故学之为利也浅，而为害也深。夫凶人之为学也，犹虎之得于羽翼，翱翔游于四海，择肉而食。圣人绝之，天下休息，不教而自化，不令而自伏也。（《道德真经玄德纂疏》引）

二十一章

孔德之容，[1]惟道是从。[2]道之为物，惟恍惟惚。[3]惚兮恍兮，其中有象；[4]恍兮惚兮，其中有物。[5]窈兮冥兮，其中有精；[6]其精甚真，[7]其中有信。[8]自今及古，其名不去，[9]以阅众甫。[10]吾何以知众甫之状哉？[11]以此。[12]

[1]【河上公注】孔，大也。有大德之人，无所不容，能受垢浊，处谦卑也。

[2]【河上公注】唯，独也。大德之人不随世俗所行，独从于道也。

【王弼注】孔，空也。惟以空为德，然后乃能动作从道。

[3]【河上公注】道之于万物，独恍忽往来，而无所定也。

【王弼注】恍惚，无形不系之叹。

[4]【河上公注】道唯忽恍无形之中，独为万物法像。

[5]【河上公注】道唯恍忽，其中有一，经营主化，因气立质。

【王弼注】以无形始物，不系成物，万物以始以成，而不知其所以然，故曰恍兮惚兮，其中有物，惚兮恍兮，其中有象也。

[6]【河上公注】道唯窈冥无形，其中有精实，神明相薄，阴阳交会也。

【王弼注】窈、冥，深远之叹。深远不可得而见，然而万物由之。其可得见，以定其真，故曰窈兮冥兮，其中有精也。

[7]【河上公注】言道精气神妙甚真，非有饰也。

[8]【河上公注】道匿功藏名，其信在中也。

【王弼注】信，信验也。物反窈冥，则真精之极得，万物之性定，故曰其精甚真,其中有信也。

[9]【河上公注】自,从也。自古至今,道常在不去。

【王弼注】至真之极,不可得名,无名则是其名也。自古及今,无不由此而成,故曰自古及今,其名不去也。

[10]【河上公注】阅,禀也。甫,始也。言道禀与,万物始生,从道受气。

【王弼注】众甫,物之始也。以无名说万物始也。

[11]【河上公注】我何以知万物从道受气?

[12]【河上公注】此,今也。以今万物皆得道精气而生,动作起居,非道不然。

【王弼注】此,上之所云也。言吾何以知万物之始于无哉?以此知之也。

二十二章

曲则全，[1]枉则直，[2]洼则盈，[3]敝则新，[4]少则得，[5]多则惑，[6]是以圣人抱一为天下式。[7]不自见，故明；[8]不自是，故彰；[9]不自伐，故有功；[10]不自矜，故长。[11]夫唯不争，故天下莫能与之争。[12]古之所谓曲则全者，岂虚言哉！[13]诚全而归之。[14]

[1]【河上公注】曲己从众，不自专，则全其身也。

【王弼注】不自见，其明则全也。

[2]【河上公注】枉屈己而申人，久久自得直也。

【王弼注】不自是，则其是彰也。

[3]【河上公注】地洼下，水流之。人谦下，德归之也。

【王弼注】不自伐，则其功有也。

[4]【河上公注】自受弊薄，后己先人，天下敬之，久久自新也。

【王弼注】不自矜，则其德长也。

[5]【河上公注】自受取少，则得多也。天道佑谦，神明托虚。

[6]【河上公注】财多者惑于所守，学多者惑于所闻。

【王弼注】自然之道亦犹树也，转多转远其根，转少转得其本。多则远其真，故曰惑也；少则得其本，故曰得也。

[7]【河上公注】抱，守。法，式也。圣人守一乃知万事，故能为式也。

【王弼注】一，少之极也。式，犹则之也。

[8]【河上公注】圣人不以其目视千里之外也，乃因天下之目以视，

故能明达也。

[9]【河上公注】圣人不自以为是而非人，故能彰显于世。

[10]【河上公注】伐，取也。圣人德化流行，不自取其美，故有功于天下。

[11]【河上公注】矜，大也。圣人不自贵大，故能久不危。

[12]【河上公注】此言天下贤与不肖，无能与不争者争也。

[13]【河上公注】传古言曲从则全身，正言非虚妄也。

[14]【河上公注】诚，实也。能行曲从者，实其肌体，归之于父母，无有伤害也。

【指归】

侯王虽圣，犹以为曲，任百官而理，其德则全也。（《道德真经玄德纂疏》引）

所约者寡，所得者众，犹为寡少而物物自得当矣。（《道德真经玄德纂疏》引）

信己思虑，不取于人，多言多知则狂乱也。（《道德真经玄德纂疏》引）

圣人不自矜见其明，任天下之目以视天下，故离娄不得齐其明矣。（《道德真经玄德纂疏》引）

伐，犹攻伐也。因天下之怒以伐天下，故黄帝不能与并威；因天下之力以战天下，故汤武不能与之量功。是以普天下可任，诸侯之后可臣也。（《道德真经玄德纂疏》引）

夫影之随形，响之应声，既不与物争，谁争之？（《道德真经玄德纂疏》引）

二十三章

希言自然。^[1]故飘风不终朝，骤雨不终日。^[2]孰为此者？天地。^[3]天地尚不能久，^[4]而况于人乎？^[5]故从事于道者，^[6]道者同于道，^[7]德者同于德，^[8]失者同于失。^[9]同于道者，道亦乐得之；^[10]同于德者，德亦乐得之；^[11]同于失者，失亦乐得之。^[12]信不足，焉有不信焉？^[13]

[1]【河上公注】希言者，谓爱言也。爱言者，自然之道。

【王弼注】听之不闻名曰希，下章言，道之出言，淡兮其无味也，视之不足见，听之不足闻。然则无味不足听之言，乃是自然之至言也。

[2]【河上公注】飘风，疾风也。骤雨，暴雨也。言疾不能长，暴不能久也。

[3]【河上公注】孰，谁也。谁为此飘风暴雨者乎？天地所为。

[4]【河上公注】不终于朝暮也。

[5]【河上公注】天地至神，合为飘风暴雨，尚不能使终朝至暮，何况人欲为暴卒乎？

【王弼注】言暴疾美兴不长也。

[6]【河上公注】从，为也。人为事当如道安静，不当如飘风骤雨。

[7]【河上公注】道者，谓好道人也。同于道者，所为与道同。

【王弼注】从事，谓举动从事于道者也。道以无形无为成济万物，故从事于道者，以无为为君，不言为教，绵绵若存而物得其真，与道同体，故曰同于道。

[8]【河上公注】德，谓好德人也。同于德者，所为与德同也。

【王弼注】得，少也。少则得，故曰得也。行得则与得同体，故曰同于得也。

[9]【河上公注】失，谓任己失人也。同于失者，所为与失同也。

【王弼注】失，累多也，累多则失，故曰失也。行失则与失同体，故曰同于失也。

[10]【河上公注】与道同者，道亦乐得之也。

[11]【河上公注】与德同者，德亦乐得之也。

[12]【河上公注】与失同者，失亦乐失之也。

【王弼注】言随行其所，故同而应之。

[13]【河上公注】君信不足于下，下则应君以不信也。此言物类相归，同声相应，云从龙，风从虎，水流湿，火就燥，自然之类也。

【王弼注】忠信不足于下，焉有不信焉？

【指归】

事从于道，道从于事；事从于德，德从于事；事从于失，失从于事。（《道德真经玄德纂疏》引）

信不信，谓主身也；有不信，谓天人也。（《道德真经玄德纂疏》引）

二十四章

　　企者不立，[1]跨者不行，[2]自见者不明，[3]自是者不彰，[4]自伐者无功，[5]自矜者不长。[6]其在道也，曰余食赘行。[7]物或恶之，[8]故有道者不处。[9]

　　[1]【河上公注】跂，进也。谓贪权慕名，进取功荣也，则不可久立身行道也。

　　【王弼注】物尚进则失安，故曰企者不立。

　　[2]【河上公注】自以为贵而跨于人，众共蔽之，使不得行。

　　[3]【河上公注】自人自见其形容以为好，自见所行以为应道，殊不自知其形丑，操行之鄙。

　　[4]【河上公注】自以为是而非人，众共蔽之，使不得彰明。

　　[5]【河上公注】所谓辄自伐取其功美，即失有功于人也。

　　[6]【河上公注】好自矜大者，不可以长久。

　　[7]【河上公注】赘，贪也。使此自矜伐之人，在治国之道，日赋敛，余禄食，为贪行。

　　【王弼注】其唯于道而论之，若郤至之行，盛馔之余也。本虽美，更可秽也。虽有功而自伐之，故更为疣赘者也。

　　[8]【河上公注】此人在位，动欲伤害，故物无有不畏恶之。

　　[9]【河上公注】言有道之人，不居其国也。

【指归】

　　万人未动，天下未应，为之起兵，失君之道。为兵之道，失君之

机，万民怨恨，天心不平，宗庙危殆，终身无功也。(《道德真经玄德纂疏》引)

二十五章

有物混成，先天地生。[1]寂兮寥兮，独立不改，[2]周行而不殆，[3]可以为天下母。[4]吾不知其名，[5]字之曰道，[6]强为之名曰大。[7]大曰逝，[8]逝曰远，[9]远曰反。[10]故道大，天大，地大，王亦大。[11]域中有四大，[12]而王居其一焉。[13]人法地，[14]地法天，[15]天法道，[16]道法自然。[17]

[1]【河上公注】谓道无形，混沌而成万物，乃在天地之前。

【王弼注】混然不可得而知，而万物由之以成，故曰混成也。不知其谁之子，故先天地生。

[2]【河上公注】寂者无音声，寥者空无形，独立者无匹双，不改者化有常。

【王弼注】寂寥，无形体也。无物匹之，故曰独立也。返化终始，不失其常，故曰不改也。

[3]【河上公注】道通行天地，无所不入，在阳不焦，托阴不腐，无不贯穿，不危殆也。

[4]【河上公注】道育养万物精气，如母之养子。

【王弼注】周行无所不至而免殆，能生全大形也，故可以为天下母也。

[5]【王弼注】名以定形，混成无形，不可得而定，故曰不知其名也。

[6]【河上公注】我不见道形容，不知当何以名之，见万物皆从道所生，故字之曰道也。

【王弼注】夫名以定形，字以称可，言道取于无物而不由也。是混成之中，可言之称最大也。

[7]【河上公注】不知其名，强曰大者，高而无上，罗而无外，无不包容，故曰大也。

【王弼注】吾所以字之曰道者，取其可言之称最大也。责其字定之所由，则系于大。夫有系，则必有分，有分则失其极矣，故曰强为之名曰大。

[8]【河上公注】其为大，非若天常在上，非若地常在下，乃复逝去，无常处所也。

【王弼注】逝，行也。不守一大体而已，周行无所不至，故曰逝也。

[9]【河上公注】言远者，穷乎无穷，布气天地，无所不通也。

[10]【河上公注】言其远不越绝，乃复在人身也。

【王弼注】远，极也。周无所不穷极，不偏于一逝，故曰远也。不随于所适，其体独立，故曰反也。

[11]【河上公注】道大者，包罗诸天地，无所不容也。天大者，无所不盖也。地大者，无所不载也。王大者，无所不制也。

【王弼注】天地之性人为贵，而王是人之主也。虽不职大亦复为大与三匹，故曰王亦大也。

[12]【王弼注】四大，道、天、地、王也。凡物有称有名，则非其极也。言道则有所由，有所由然后谓之为道，然则道是称中之大也，不若无称之大也。无称不可得而名，曰域也。道天地王皆在乎无称之内，故曰域中有四大者也。

[13]【河上公注】八极之内有四大，王居其一也。

【王弼注】处人主之大也。

[14]【河上公注】人当法地安静柔和也，种之得五谷，掘之得甘泉，劳而不怨也，有功而不置也。

[15]【河上公注】天湛泊不动，施而不求报，生长万物，无所收取。

[16]【河上公注】道清净不言, 阴行精气, 万物自成也。

[17]【河上公注】道性自然, 无所法也。

【王弼注】法, 谓法则也。人不违地, 乃得全安, 法地也; 地不违天, 乃得全载, 法天也; 天不违道, 乃得全覆, 法道也; 道不违自然, 乃得其性。法自然者, 在方而法方, 在圆而法圆, 于自然无所违也。自然者, 无称之言, 穷极之辞也。用智不及无知, 而形魄不及精象, 精象不及无形, 有仪不及无仪, 故转相法也。道顺自然, 天故资焉; 天法于道, 地故则焉; 地法于天, 人故象焉。所以为主, 其一之者, 主也。

【指归】

功、德同也。(《道德真经玄德纂疏》引)

二十六章

重为轻根，[1]静为躁君。[2]是以圣人终日行，不离辎重，[3]虽有荣观，燕处超然。[4]奈何万乘之主，[5]而以身轻天下？[6]轻则失本，[7]躁则失君。[8]

[1]【河上公注】人君不重则不尊，治身不重则失神。草木之花叶轻，故零落，根重故长存也。

[2]【河上公注】人君不静则失威，治身不静则身危。龙静故能变化，虎躁故夭亏也。

【王弼注】凡物轻不能载重，小不能镇大。不行者使行，不动者制动，是以重必为轻根，静必为躁君也。

[3]【河上公注】辎，静也。圣人终日行道，不离其静与重也。

【王弼注】以重为本，故不离。

[4]【河上公注】荣观，谓宫阙。燕处，后妃所居也。超然远避，而不处也。

【王弼注】不以经心也。

[5]【河上公注】奈何者，疾时主伤痛之辞。万乘之主谓王。

[6]【河上公注】王者至尊，而以其身行轻躁乎？疾时王奢恣轻淫也。

[7]【河上公注】王者轻淫则失其臣，治身轻淫则失其精。

[8]【河上公注】王者行躁疾则失其君位，治身躁疾则失其精神也。

【王弼注】轻不镇重也。失本为丧身也，失君为失君位也。

【指归】

　　言君好轻躁，如树之根本而摇动；根摇动，则枝木枯而槁矣。人主不静，则百姓摇荡，宗庙倾危，则失其国君之位也。(《道德真经玄德纂疏》引)

二十七章

善行无辙迹，[1]善言无瑕谪，[2]善数不用筹策，[3]善闭无关楗而不可开，[4]善结无绳约而不可解。[5]是以圣人常善救人，[6]故无弃人，[7]常善救物，[8]故无弃物，[9]是谓袭明。[10]故善人者，不善人之师；[11]不善人者，善人之资。[12]不贵其师，[13]不爱其资，[14]虽智大迷，[15]是谓要妙。[16]

[1]【河上公注】善行道者，求之于身。不下堂，不出门，故无辙迹。

【王弼注】顺自然而行，不造不始，故物得至而无辙迹也。

[2]【河上公注】善言，谓择言而出，则无瑕疵谪过于天下。

【王弼注】顺物之性，不别不析，故无瑕谪可得其门也。

[3]【河上公注】善以道计事者，则守一不移。所计不多，则不用筹策而可知也。

【王弼注】因物之数不假形也。

[4]【河上公注】善以道闭情欲守精神者，不如门户有关楗可得开。

[5]【河上公注】善以道结事者，乃可结其心，不如绳索可得解也。

【王弼注】因物自然，不设不施，故不用关楗绳约而不可开解也。此五者皆言不造不施，因物之性，不以形制物也。

[6]【河上公注】圣人所以常教人忠孝者，欲以救人性命。

[7]【河上公注】使贵贱各得其所也。

【王弼注】圣人不立形名以检于物，不造进向以殊弃不肖，辅万物之自然而不为始，故曰无弃人也。不尚贤能，则民不争；不贵难得之货，则民不为盗；不见可欲，则民心不乱。常使民心无欲无惑，则无弃人矣。

[8]【河上公注】圣人所以教民顺四时，以救万物之残伤。

[9]【河上公注】圣人不贱石而贵玉，视之如一。

[10]【河上公注】圣人善救人物，谓袭明大道也。

[11]【河上公注】人之行善者，圣人即以为人师。

【王弼注】举善以师不善，故谓之师矣。

[12]【河上公注】资，用也。人行不善，圣人犹教导使为善，得以给用也。

【王弼注】资，取也。善人以善齐不善，以善弃不善也，故不善人，善人之所取也。

[13]【河上公注】独无辅也。

[14]【河上公注】无所使也。

[15]【河上公注】虽自以为智，言此人乃大迷惑。

【王弼注】虽有其智，自任其智，不因物，于其道必失。故曰虽智大迷。

[16]【河上公注】能通此意，是谓知微妙要道也。

二十八章

知其雄, 守其雌, 为天下谿。[1]为天下谿, 常德不离, [2]复归于婴儿。[3]知其白, 守其黑, 为天下式。[4]为天下式, 常德不忒, [5]复归于无极。[6]知其荣, 守其辱, 为天下谷。[7]为天下谷, 常德乃足, [8]复归于朴。[9]朴散则为器, [10]圣人用之, 则为官长, [11]故大制不割。[12]

[1]【河上公注】雄以谕尊, 雌以谕卑。人虽知自尊显, 当复守之以卑微, 去雄之强梁, 就雌之柔和。如是, 则天下归之, 如水流入深谿也。

[2]【河上公注】人能谦下如深谿, 则德常在, 不复离于己。

[3]【河上公注】常复归志于婴儿, 蠢然而无所知也。

【王弼注】雄, 先之属; 雌, 后之属也。知为天下之先也, 必后也, 是以圣人后其身而身先也。谿不求物而物自归之, 婴儿不用智而合自然之智。

[4]【河上公注】白以谕昭昭, 黑以谕默默。人虽自知昭昭明白, 当复守之以默默, 如暗昧无所见。如是, 则可为天下法式, 则德常在。

【王弼注】式, 模则也。

[5]【河上公注】人能为天下法, 则德常在于己, 不复差忒。

【王弼注】忒, 差也。

[6]【河上公注】德不差忒, 则长生久寿, 归身于无穷极也。

【王弼注】不可穷也。

[7]【河上公注】荣以谕尊贵, 辱以谕污浊。知己之有荣贵, 当守之以污浊。如是, 则天下归之, 如水流入深谷也。

[8]【河上公注】足, 止也。人能为天下谷, 德乃止于己。

[9]【河上公注】复当归身于质朴, 不复为文饰。

【王弼注】此三者, 言常反终, 后乃德全其所处也。下章云, 反者道之动也。功不可取, 常处其母也。

[10]【河上公注】万物之朴散, 则为器用也。若道散则为神明, 流为日月, 分为五行也。

[11]【河上公注】圣人升用, 则为百官之元长也。

【王弼注】朴, 真也。真散则百行出, 殊类生, 若器也。圣人因其分散, 故为之立官长。以善为师, 不善为资, 移风易俗, 复使归于一也。

[12]【河上公注】圣人用之, 则以大道制御天下, 无所伤割。治身, 则以天道制情欲, 不害精神也。

【王弼注】大制者, 以天下之心为心, 故无割也。

【指归】

于婴儿, 复归于志。于婴儿, 蠢然无而无知也。(《道德真经玄德纂疏》引)

反于未生, 复于未始, 与道为常, 归于无极矣。(《道德真经玄德纂疏》引)

道德是佑, 神明是助, 道足德足, 则万物大淳朴矣。(《道德真经玄德纂疏》引)

二十九章

将欲取天下^[1]而为之，^[2]吾见其不得已。^[3]天下神器，^[4]不可为也。^[5]为者败之，^[6]执者失之。^[7]故物或行或随，^[8]或歔或吹，^[9]或强或羸，^[10]或挫或隳，^[11]是以圣人去甚，去奢，去泰。^[12]

[1]【河上公注】欲为天下主也。

[2]【河上公注】欲以有为治民。

[3]【河上公注】我见其不得天道人心已明矣！天道恶烦浊，人心恶多欲。

[4]【王弼注】神，无形无方也。器，合成也。无形以合，故谓之神器也。

[5]【河上公注】器，物也。人乃天下之神物也。神物好安静，不可以有为治。

[6]【河上公注】以有为治之，则败其质性。

[7]【河上公注】强执教之，人则失其情实，生于诈伪也。

【王弼注】万物以自然为性，故可因而不可为也，可通而不可执也。物有常性，而造为之，故必败也。物有往来，而执之，故必失矣。

[8]【河上公注】上所行，下必随之也。

[9]【河上公注】歔，温也。吹，寒也。有所温，必有所寒也。

[10]【河上公注】有所强大，必有所羸弱也。

[11]【河上公注】载，安也。隳，危也。有所安，必有所危。明人君不可以有为治国与治身也。

[12]【河上公注】甚,谓贪淫声色。奢,谓服饰饮食。泰,谓宫室台榭。去此三者,处中和行无为,则天下自化。

【王弼注】凡此诸或,言物事逆顺反覆,不施为执割也。圣人达自然之至,畅万物之情,故因而不为,顺而不施。除其所以迷,去其所以惑,故心不乱而物性自得之也。

【指归】

天下者,神灵所成,太和所逮。神灵所察,圣智所不能及,而威力之所不能制。(《道德真经玄德纂疏》引)

甚,有为也。奢,不中和也。泰,高大也。故去之也。(《道德真经玄德纂疏》引)

三十章

以道佐人主者，[1]不以兵强天下，[2]其事好还。[3]师之所处，荆棘生焉。[4]大军之后，必有凶年。[5]善者果而已，[6]不敢以取强。[7]果而勿矜，[8]果而勿伐，[9]果而勿骄，[10]果而不得已，[11]果而勿强。[12]物壮则老，[13]是谓不道，[14]不道早已。[15]

[1]【河上公注】谓人主能以道自辅佐也。

[2]【河上公注】以道自佐之主，不以兵革，顺天任德，敌人自服。

【王弼注】以道佐人主，尚不可以兵强于天下，况人主躬于道者乎。

[3]【河上公注】其举事好还，自责不怨于人也。

【王弼注】为始者务欲立功生事，而有道者务欲还反无为，故云其事好还也。

[4]【河上公注】农事废，田不修。

[5]【河上公注】天应之以恶气，即害五穀。五穀尽，伤人也。

【王弼注】言师，凶害之物也。无有所济，必有所伤，贼害人民，残荒田亩，故曰荆棘生焉。

[6]【河上公注】善兵者，当果敢而已，不休。

[7]【河上公注】不以果敢取强大之名也。

【王弼注】果，犹济也。言善用师者，趣以济难而已矣，不以兵力取强于天下也。

[8]【河上公注】当果敢谦卑，勿自矜大也。

[9]【河上公注】当果敢推让, 乃自伐取其美也。

[10]【河上公注】骄, 欺也。果敢勿以骄欺人。

【王弼注】吾不以师道为尚, 不得已而用, 何矜骄之有也。

[11]【河上公注】当果敢至诚, 不当迫不得已也。

[12]【河上公注】果敢勿以为强兵坚甲, 以侵凌人也。

【王弼注】言用兵虽趣功济难, 然时故不得已, 当复用者, 但当以除暴乱, 不遂用果以为强也。

[13]【河上公注】草木壮极则枯落, 人壮极则衰老也。言强者不可以壮。

[14]【河上公注】枯老者, 坐不行道也。

[15]【河上公注】不行道者早死。

【王弼注】壮, 武力暴兴, 喻以兵强于天下者也。飘风不终朝, 骤雨不终日, 故暴兴必不道早已也。

三十一章

夫佳兵者不祥之器，[1]物或恶之，[2]故有道者不处。[3]君子居则贵左，[4]用兵则贵右。[5]兵者不祥之器，[6]非君子之器，[7]不得已而用之，[8]恬淡为上。[9]胜而不美，[10]而美之者，是乐杀人。[11]夫乐杀人者，则不可以得志于天下矣！[12]吉事尚左，[13]凶事尚右。[14]偏将军居左，[15]上将军居右，[16]言以丧礼处之。[17]杀人之众，以哀悲泣之；[18]战胜，以丧礼处之。[19]

[1]【河上公注】祥，善也。兵者惊精神，浊和气，不善人之器也，不当修饰之。

[2]【河上公注】兵动则有所害，故万物无有不恶之。

[3]【河上公注】有道之人不处其国。

[4]【河上公注】贵柔弱也。

[5]【河上公注】贵刚强也。此言兵道与君子道反，所贵者异也。

[6]【河上公注】兵革者，不善之器也。

[7]【河上公注】非君子所贵重器也。

[8]【河上公注】谓遭衰逆，乱祸欲加万民，乃用之以自守。

[9]【河上公注】不贪土地，利人财宝。

[10]【河上公注】虽得胜而不以为利己也。

[11]【河上公注】美得胜者，是为喜乐杀人者也。

[12]【河上公注】为人君而乐杀人，此不可使得志于天下。为人主，必专制人命，妄行刑诛。

[13]【河上公注】左生位也。

[14]【河上公注】阴道杀人。

[15]【河上公注】偏将军卑而居阳者，以其不专杀也。

[16]【河上公注】上将军尊而居右者，言其主杀也。

[17]【河上公注】上将军于右，丧礼尚右，死人贵阴也。

[18]【河上公注】伤己德薄，不能以道化人，而害无辜之民。

[19]【河上公注】古者战胜，将军居丧主礼之位，素服而哭之。明君子贵德而贱兵，不得已诛不祥，心不乐之，比于丧也。知后世用兵不已，故悲痛之。

【指归】

君子者，有土之君也。贵左者，尚生长也。（《道德真经玄德纂疏》引）

三十二章

道常无名，^[1]朴虽小，天下莫能臣也。^[2]侯王若能守之，万物将自宾。^[3]天地相合，以降甘露，^[4]民莫之令而自均。^[5]始制有名，^[6]名亦既有，^[7]夫亦将知止，^[8]知止所以不殆。^[9]譬道之在天下，犹川谷之于江海。^[10]

[1]【河上公注】道能阴能阳，能驰能张，能存能亡，故无常名也。

[2]【河上公注】道朴虽小，微妙无形，天下不敢有臣使道者也。

[3]【河上公注】侯王若能守道无为，万物将自宾服，从于德也。

【王弼注】道，无形不系，常不可名，以无名为常，故曰道常无名也。朴之为物，以无为心也，亦无名，故将得道莫若守朴。夫智者可以能臣也，勇者可以武使也，巧者可以事役也，力者可以重任也。朴之为物，愦然不偏，近于无有，故曰莫能臣也。抱朴无为，不以物累其真，不以欲害其神，则物自宾而道自得也。

[4]【河上公注】侯王动作，能与天相应合，天即下甘露、善瑞也。

[5]【河上公注】天降善瑞，则万物莫有教令之者，皆自均调若一也。

【王弼注】言天地相合，则甘露不求而自降。我守其真性无为，则民不令而自均也。

[6]【河上公注】始，道也。有名，万物也。道无名，能制于有名；无形，能制于有形也。

[7]【河上公注】既，尽也。有名之物，尽有情欲，叛道离德，故身毁辱也。

[8]【河上公注】人能法道行德, 天亦将自知之。

[9]【河上公注】天知之, 则神灵佑助, 不复危殆。

【王弼注】始制, 谓朴散始为官长之时也。始制官长, 不可不立名分以定尊卑, 故始制有名也。过此以往, 将争锥刀之末, 故曰名亦既有, 夫亦将知止也。遂任名以号物, 则失治之母, 故知止所以不殆也。

[10]【河上公注】譬言道之在天下, 与人相应和, 如川谷与江海相流通也。

【王弼注】川谷之以求江与海, 非江海召之, 不召不求而自归者也。行道于天下者, 不令而自均, 不求而自得, 故曰犹川谷之与江海也。

三十三章

知人者智，[1]自知者明。[2]胜人者有力，[3]自胜者强。[4]知足者富，[5]强行者有志，[6]不失其所者久，[7]死而不亡者寿。[8]

[1]【河上公注】能知人好恶，是为智。

[2]【河上公注】人能自知贤不肖，是为反听无声，内视无形，故为明。

【王弼注】知人者，智而已矣，未若自知者超智之上也。

[3]【河上公注】能胜人者，不过以威力也。

[4]【河上公注】人能自胜己情欲，则天下无有能与己争者，故为强。

【王弼注】胜人者，有力而已矣，未若自胜者无物以损其力。用其智于人，未若用其智于己也。用其力于人，未若用其力于己也。明用于己，则物无避焉；力用于己，则物无改焉。

[5]【河上公注】人能知足之为足，则长保福禄，故为富也。

【王弼注】知足自不失，故富也。

[6]【河上公注】人能强力行善，则为有意于道，道亦有意于人。

【王弼注】勤能行之，其志必获，故曰强行者有志矣。

[7]【河上公注】人能自节养，不失其所受天之精气，则可以久。

【王弼注】以明自察，量力而行，不失其所，必获久长矣。

[8]【河上公注】目不妄视，耳不妄听，口不妄言，则无怨恶于天下，故长寿。

【王弼注】虽死而以为生之道，不亡乃得全其寿，身没而道犹存，况身存而道不卒乎？

【指归】

不知人，则无以通事；不通事，则无以交世。不自知，则无以知天；不知天，则无以睹未然。不胜人，则无以在上；不在上，则无以为王。不自胜，则无以自得；不自得，则无以得人。不知足，则无以知富；不知富，则无以止欲。不强行，则无以顺道；不顺道，则无以得意。动作非任，无以得和；不得和，则无以久生。不久生，则无以畜精神；精神不积，无以得寿。故立身经世，兴利除害，接物通变，莫广乎知人；摄聪畜明，建国子民，达道之意，知天之心，莫大乎自知；柄政履民，建法立仪，设化施令，正海内，臣诸侯，莫贵乎胜人；奉道德，顺神明，承天地，和阴阳，动静进退，曲得人心，莫崇乎自胜；治家守国，使民佚乐，处顺恭谨，慈孝畏法，莫高乎知足；游神明于昭昭之间，恬憺安宁，尊显荣华，莫善乎得意；任官奉职，事上临下，成人之业，继人之后，施之万民，莫过乎可久；天地所贵，群生所恃，居之不厌，乐之不止，万福并兴，靡与争宠，莫美乎寿。(《道德真经藏室纂微篇》引)

三十四章

大道氾兮，^[1]其可左右。^[2]万物恃之而生^[3]而不辞，^[4]功成不名有，^[5]衣养万物而不为主。^[6]常无欲，可名于小；^[7]万物归焉而不为主，^[8]可名为大。^[9]以其终不自为大，^[10]故能成其大。^[11]

[1]【河上公注】言道氾氾，若浮若沉，若有若无，视之不见，说之难殊。

[2]【河上公注】道可左右，无所不宜。

【王弼注】言道氾滥，无所不适，可左右上下周旋而用，则无所不至也。

[3]【河上公注】恃，待也。万物皆恃道而生。

[4]【河上公注】道不辞谢而逆止也。

[5]【河上公注】有道不名，其有功也。

[6]【河上公注】道虽爱养万物，不如人主有所放取。

[7]【河上公注】道匿德藏名，怕然无为，似若微小也。

【王弼注】万物皆由道而生，既生而不知所由，故天下常无欲之时，万物各得其所，若道无施于物，故名于小矣。

[8]【河上公注】万物皆归道受气，道非如人主，有所禁止也。

[9]【河上公注】万物横来横去，使名自在，故不若于大也。

【王弼注】万物皆归之以生，而力使不知其所由，此不为小，故复可名于大矣。

[10]【河上公注】圣人法道，匿德藏名，不为满大。

[11]【河上公注】圣人以身师导, 不言而化, 万事修治, 故能成其大。

【王弼注】为大于其细, 图难于其易。

三十五章

执大象，天下往。[1]往而不害，安平太。[2]乐与饵，过客止。[3]道之出口，淡乎其无味。[4]视之不足见，[5]听之不足闻，[6]用之不足既。[7]

[1]【河上公注】执，守也。象，道也。圣人守大道，则天下万民移心归往之也。治身则天降神明，往来于己也。

【王弼注】大象，天象之母也。不寒，不温，不凉，故能包统万物，无所犯伤。主若执之，则天下往也。

[2]【河上公注】万物归往而不伤害，则国安家宁，而致太平矣。治身不害神明，则身安而大寿也。

【王弼注】无形无识，不偏不彰，故万物得往而不害妨也。

[3]【河上公注】饵，美也。过客，一也。人能乐美于道，则一留止也。一者去盈而处虚，忽忽如过客。

[4]【河上公注】道出入于口淡淡，非如五味，有酸咸苦甘辛也。

[5]【河上公注】足，德也。道无形，非若五色，有青黄赤白黑可得见也。

[6]【河上公注】道非若五音，有宫商角徵羽，可得听闻也。

[7]【河上公注】用道治国，则国安民昌；治身，则寿命延长，无有既尽时也。

【王弼注】言道之深大。人闻道之言，乃更不如乐与饵应时感悦人心也。乐与饵则能令过客止，而道之出言，淡然无味。视之不足见，则不足以悦其目；听之不足闻，则不足以娱其耳。若无所中然，乃用之不可穷极也。

【指归】

　　道无形，故天地资之以生；道无有，故阴阳资之以始；道无法，故四时资之为业；道无象，故万类资之以往。故大法无法，大象无象，大无不无，大有不有，为生于不生，为否于不否。故道无为而天地成，德无事而万物处。夫何为哉？不无不有，不为不否，道自得于此，而万物自得于彼矣。(《道德真经藏室纂微篇》引)

三十六章

将欲歙之，必固张之；[1]将欲弱之，必固强之；[2]将欲废之，必固兴之；[3]将欲夺之，必固与之，[4]是谓微明。[5]柔弱胜刚强。[6]鱼不可脱于渊，[7]国之利器不可以示人。[8]

[1]【河上公注】先开张之者，欲极其奢淫。

[2]【河上公注】先强大之者，欲使遇祸患。

[3]【河上公注】先兴之者，欲使其骄危也。

[4]【河上公注】先与之者，欲极其贪心也。

[5]【河上公注】此四事，其道微，其效明也。

【王弼注】将欲除强梁、去暴乱，当以此四者。因物之性，令其自戮，不假刑为大，以除将物也，故曰微明也。足其张，令之足，而又求其张，则众所歙也。与其张之不足，而改其求张者，愈益而已反危。

[6]【河上公注】柔弱者久长，刚强者先亡也。

[7]【河上公注】鱼脱于渊，谓去刚得柔，不可复制也。

[8]【河上公注】利器，权道也。治国权者，不可以示执事之臣也。治身道者，不可以示非其人也。

【王弼注】利器，利国之器也。唯因物之性，不假刑以理物。器不可睹，而物各得其所，则国之利器。示人者，任刑也。刑以利国，则失矣！鱼脱于渊则必见失矣，利国器而立刑以示人，亦必失也。

【指归】

此四者明，绝圣而德自起，废智而化自行，翕天下之心而使自张，

弱天下之志而使自强矣。(《道德真经玄德纂疏》引)

　　道德所经,神明所纪,天地所化,阴阳所理,实者反虚,明者反晦,盛者反衰,张者反弛,有者反亡,生者反死,此物之性而自然之理也。故反覆之便,屈伸之利,道以制天,天以制人君,人君以制臣,臣以制民,含气之类皆以活身。虎豹欲据,反匿其爪;豺狼将食,不见其齿;圣人去意以顺道,智者反世以顺民;忠言逆耳以含其正,邪臣将起务顺其君。知此而用之,则天地之间、六合之内皆福也;不知此而用之,则闺门之内、骨肉之间皆贼也。故子之与弟,时为虎狼;仇之与雠,时为父兄。然中有否,否中有然,一否一然,或亡或存。故非忠,虽亲不可信;非善,虽近不可亲。(《道德真经藏室纂微篇》引)

三十七章

道常无为^[1]而无不为，^[2]侯王若能守之，万物将自化。^[3]化而欲作，吾将镇之以无名之朴。^[4]无名之朴，夫亦将无欲。^[5]不欲以静，^[6]天下将自定。^[7]

[1]【河上公注】道以无为为常也。

【王弼注】顺自然也。

[2]【王弼注】万物无不由为以治以成也。

[3]【河上公注】言侯王若能守道，万物将自化效于己也。

[4]【河上公注】吾，身也。无名之朴，道也。万物以化效于己也，复欲作巧伪者，侯王当身镇抚以道德。

【王弼注】化而欲作，作欲成也。吾将镇之无名之朴，不为主也。

[5]【王弼注】无欲竞也。

[6]【河上公注】言侯王镇抚以道德，民亦将不欲，故当以清静导化之也。

[7]【河上公注】能如是者，天下将自正定也。

下 篇

三十八章

上德不德，[1]是以有德；[2]下德不失德，[3]是以无德。[4]上德无为[5]而无以为，[6]下德为之[7]而有以为。[8]上仁为之[9]而无以为，[10]上义为之[11]而有以为，[12]上礼为之[13]而莫之应，[14]则攘臂而扔之。[15]故失道而后德，[16]失德而后仁，[17]失仁而后义，[18]失义而后礼。[19]夫礼者，忠信之薄[20]而乱之首。[21]前识者，道之华[22]而愚之始。[23]是以大丈夫处其厚，[24]不居其薄，[25]处其实，[26]不居其华。[27]故去彼取此。[28]

[1]【河上公注】上德，谓太古无名号之君，德大无上，故言上德也。不德者，言其不以德教民，因循自然，养人性命，其德不见，故言不德也。

[2]【河上公注】言其德合于天地，和气流行，民得以全也。

[3]【河上公注】下德，谓号谥之君，德不及上德，故言下德也。不失德者，其德可见，其功可称也。

[4]【河上公注】以有名号及其身故。

[5]【河上公注】谓法道安静，无所改为也。

[6]【河上公注】言无以名号为。

[7]【河上公注】言为教令，施政事也。

[8]【河上公注】言以为己取名号也。

[9]【河上公注】上仁，谓行仁之君，其仁无上，故言上仁也。为之

者, 为仁恩。

[10]【河上公注】功成事立, 无以执为。

[11]【河上公注】为义以断割也。

[12]【河上公注】动作以为已, 杀人以成威, 赋下以自奉也。

[13]【河上公注】谓上礼之君, 其礼无上, 故言上礼。为之者, 言为礼制度, 序威仪。

[14]【河上公注】言礼华盛实衰, 饰伪烦多, 动则离道, 不可应也。

[15]【河上公注】言烦多不可应, 上下忿争, 故攘臂相仍引。

[16]【河上公注】言道衰而德化生也。

[17]【河上公注】言德衰而仁爱见也。

[18]【河上公注】言仁衰而分义明也。

[19]【河上公注】言义衰则施礼聘, 行玉帛。

[20]【河上公注】言礼废本治末, 忠信日以衰薄。

[21]【河上公注】礼者贱质而贵文, 故正直日以少, 邪乱日以生。

[22]【河上公注】不知而言, 知为前识。此人失道之实, 得道之华。

[23]【河上公注】言前识之人, 愚暗之倡始。

[24]【河上公注】大丈夫, 谓得道之君也。处其厚者, 处身于敦朴。

[25]【河上公注】不处身违道, 为世烦乱也。

[26]【河上公注】处忠信也。

[27]【河上公注】不尚言也。

[28]【河上公注】去彼华薄, 取此厚实。

【王弼注】德者, 得也。常得而无丧, 利而无害, 故以德为名焉。何以得德? 由乎道也。何以尽德? 以无为用。以无为用, 则莫不载也。故物无焉, 则无物不经; 有焉, 则不足以免其生。是以天地虽广, 以无为心; 圣王虽大, 以虚为主。故曰: 以复而视, 则天地之心见; 至日而思之, 则先王之至睹也。故灭其私而无其身，则四海莫不瞻，远近莫不至；殊其己而有其心，则一体不能自全，肌骨不能兼容。

是以上德之人，唯道是用，不德其德，无执无用，故能有德而无不为；不求而得，不为而成，故虽有德而无德名也。下德求而得之，为而成之，则立善以治物，故德名有焉。求而得之，必有失焉；为而成之，必有败焉。善名生则有不善应焉，故下德为之而有以为也。无以为者，无所偏为也。凡不能无为而为之者，皆下德也，仁义礼节是也。将明德之上下，辄举下德以对上德，至于无以为，极下德之量，上仁是也，足及于无以为而犹为之焉。为之而无以为，故有为为之患矣。本在无为，母在无名，弃本舍母而适其子，功虽大焉，必有不济，名虽美焉，伪亦必生。不能不为而成，不兴而治，则乃为之，故有宏普博施仁爱之者。而爱之无所偏私，故上仁为之而无以为也。爱不能兼，则有抑抗正直而义理之者，忿枉佑直，助彼攻此物事而有以心为矣，故上义为之而有以为也。直不能笃，则有游饰修文礼敬之者，尚好修敬，校责往来，则不对之间忿怒生焉，故上礼为之而莫之应，则攘臂而扔之。

夫大之极也，其唯道乎！自此已往，岂足尊哉？故虽德盛业大，富有万物，犹各得其德，而未能自周也。故天不能为载，地不能为覆，人不能为赡。万物虽贵，以无为用，不能舍无以为体也。舍无以为体，则失其为大矣，所谓失道而后德也。以无为用，则德其母，故能己不劳焉而物无不理。下此已往，则失用之母。不能无为而贵博施，不能博施而贵正直，不能正直而贵饰敬，所谓失德而后仁，失仁而后义，失义而后礼也。夫礼也，所始首于忠信不笃，通简不阳，责备于表，机微争制。夫仁义发于内，为之犹伪，况务外饰而可久乎？故夫礼者，忠信之薄而乱之首也。

前识者，前人而识也，即下德之伦。竭其聪明以为前识，役其智力以营庶事，虽德其情，奸巧弥密，虽丰其誉，愈丧笃实。劳而事昏，务而治薉，虽竭圣智而民愈害。舍己任物，则无为而泰；守夫素朴，则不顺典制。听彼所获，弃此所守，识道之华而愚之首，故苟得其为功之母，则万物作焉而不辞也，万事存焉而不劳也。用不以形，御不以名，故仁义可显，礼敬可彰也。

夫载之以大道，镇之以无名，则物无所尚，志无所营，各任其贞，事用其诚，则仁德厚焉，行义正焉，礼敬清焉。弃其所载，舍其所生，用其成形，役其聪明，仁则诚焉，义其竞焉，礼其争焉。故仁德之厚，非用仁之所能也；行义之正，非用义之所成也；礼敬之清，非用礼之所济也。载之以道，统之以母，故显之而无所尚，彰之而无所竞。用夫无名，故名以笃焉；用夫无形，故形以成焉。守母以存其子，崇本以举其末，则形名俱有而邪不生，大美配天而华不作，故母不可远，本不可失。仁义，母之所生，非可以为母；形器，匠之所成，非可以为匠也。舍其母而用其子，弃其本而适其末，名则有所分，形则有所止，虽极其大，必有不周，虽盛其美，必有忧患。功在为之，岂足处也？

【指归】

天地所由，物类所以，道为之元，德为之始，神明为宗，太和为祖。道有深微，德有厚薄，神有清浊，和有高下。清者为天，浊者为地，阳者为男，阴者为女。人物禀假，受有多少，性有精粗，命有长短，情有美恶，意有大小。或为小人，或为君子，变化分离，剖判为数等，故有道人，有德人，有仁人，有义人，有礼人。

敢问彼人何行而名号殊谬以至于斯？庄子曰：虚无无为、开导万物谓之道人，清静因应、无所不为谓之德人，兼爱万物、博施无穷谓之仁人，理名正实、处事之义谓之义人，谦退辞让、敬以守和谓之礼人。凡此五人，皆乐长生，尊厚德，贵高名；各慎其情性，任其聪明，道其所长，归其所安；趋务舛驰，或否或然；变化殊方，建号万差。德有优劣，世有盛衰，风离俗异，民命不同。故或有溟滓玄寥而无名，或蒙澒芒芒而称皇，或汪然潓泛而称帝，或廓然昭昭而称王，或远通参差而称伯，此其可言者也。然而伯非伯，而王非王，而帝非帝，而皇非皇，而有非有，而无非无，千变万化不可为计，重累亿万不可为名。何以明之？夫易姓而王、封于泰山、禅于梁父者七十有二君，其有形兆圻堮髣髴不可识者不可称言。此其性命不同、功名不齐者，非也耶？是故上德之君，体道而存，神与化伦，德动玄冥，天下王之，莫有见闻，德归万物，皆曰自然。下德之君，体德而行，神与化游，德配皇天，天下王之，或见或闻，德流万物，复反其君。夫何故哉？

　　上德之君，性受道之纤妙，命得一之精微，性命同于自然，情意体于神明，动作伦于太和，取舍合乎天心。神无所思，志无所虑，聪明玄远，寂泊空虚；动若无形，静若未生，功若天地，事如婴儿；遗形藏志，与道相得，溟滓蒙澒，天下莫知；潼溶方外，翱翔至远，阴阳为使，鬼神为谋；身与道变，上下无穷，进退推移，常与化俱。故恬淡无为而德盈于玄域，玄默寂寥而化流于无极。恩不可量，厚不可测，兼包大营，泽及万国。知不足以伦其化，言不足以导其俗，天下咪咪喝喝，皆蒙其化而被其和。若此者元无，绝而不知为之者何谁也。

　　下德之君，性受道之正气，命得一之下中，性命比于自然，情意几于神明，动作近于太和，取舍体于至德。托神于太虚，隐根于玄冥，动反柔弱，静归和平。戴规履矩，镜视太清，变化惚恍，因应无形；希夷茫昧，几无号谥，方地随天，与化为常；德盛泽流，洋溢万方，美德未形，天下童蒙；四海为一，荡荡玄默，与民俯仰，与物相望。当此之时，大道未分，醇德未剖，六合之内，一人独处。其务损而不益，其事修而不作，所为者寡，所守者约。民敦厚而忠信，世和慎而寂泊，水草为畜积，裘褐为盛服，巨木为廊庙，严穴为室宅。主如天地，民如草木，被道合德，恬淡无欲。阴阳和洽，万物蕃殖，无有制令，宇内宾伏。嘉禾朱草勺药并生，神龙凤凰与人相托，甘露降而不霁，祥风动而不息。无义无仁，六合之内和合天亲；无节无礼，四海之内亲为兄弟。亲而不和，敬而不恭，天地人物混沌玄通。

　　上仁之君，性醇粹而清明，皓白而博通。心意虚静，神气和顺，管领天地，无不包裹；睹微得要，以有知无，养生处德，爱民如子；昭物遭变，响应影随，经天之分，明地之理；别人物之宜，开知故之门，生事起福，以益万民；录内略外，导之以亲，积思重厚，以昭殊方；法禁平和，号令宽柔，举措得时，天下欢喜。雷霆不暴作，风雨不卒起，草木不枯瘁，人民不夭死。跂行喙息皆乐其生，蜎飞蠕动尽得其所。老弱群游，壮者耕桑，人有玄孙，黄发儿齿；君如父母，民如婴儿，德流四海，有而不取。

上义之君，性和平正，而达通情，察究利害，辨智聪明。心如规矩，志如尺衡，平静如水，正直如绳。好举大功，以建鸿号，乐为福始，恶为祸先；秉权操变，以度时世，崇仁励义，以临万民。因天地之理，制万物之宜，事亲如奉神，履民如临深，兼听万国，折之以中；威而不暴，和而不淫，严而不酷，察而不刻，原始定终，立势御民。进退与时流，屈伸与化俱，事与务变，礼与俗化。号令必信，制分别明，纲要而不疏，法正而不淫，万事决于臣下，权势独断于君。廷正以慎道，显善以发奸，作五则，刻肌肤。敬元贵始，常与名俱，因节而折，循理而割；权起势张，威震海内，去己因彼，便民不苛。纤芥之恶贬，秋毫之美举。内施王室，外及人物，承弊通变，存亡接绝；扶微起幼，仁德复发，有土传嗣，子孙不绝。

上礼之君，性和而情柔，心疎而志欲，举事则阴阳，发号顺四时。纪纲百变，网罗人心，尊宠君父，卑损臣子。正上下，明差等，序长幼，别夫妇，合人伦，循交友；归奉条贯，事有差品，拘制者褒录，不羁者削贬。优游强梁，包裹风俗，导以中行；顺心从欲，以和节之；迫情禁性，防堤未萌；牵世系俗，使不得淫。绝人所不能以，强人所不能行，劳神伤性，事众费烦，乱得以治，危得以宁。知故通达，醇悫消亡，大道灭绝，仁德不兴；天心不洽，四位失常，雷霆毁折，万物夭伤。父子有丧，而天不为之和；昼夜凄凄，而世不为之化；钟磬喤喤，而俗不为之变；沉吟雅韵，而风不为之移。谦退辞让，天下不信；守柔伏雌，天下不亲；悬爵设赏，贤人不下；攘臂执圭，君子不来。夫何故哉？辞丰貌美而诚心不施故也。

是故帝王根本，道为元始。道失而德次之，德失而仁次之，仁失而义次之，义失而礼次之，礼失而乱次之。凡此五者，道之以一体而世主之所长短也。故所为非其所欲也，所求非其所得也，不务自然而务小薄。夫礼之为事也，中外相违，华盛而实毁，末隆而本衰。礼薄于忠，权轻于威，信不及义，德不逮仁；为治之末，为乱之元，诈伪所起，忿争所因。故制礼作乐，改正易服，进退威仪，动有常节，先识来事以明得失，此道之华而德之末，一时之法，一隅之术也，非所以当无穷之世、通异方之俗者也。是故祸乱之所由生，愚惑之所由作也。

何以明之？庄子曰：夫天地之应因于事，事应于变，变无常时。是以事不可预设而变不可先图，犹痛不可先摩而痒不可先折，五味不可以升斗和，琴瑟不可以尺寸调也。故至微之微，微不可言；而至妙之妙，妙不可传。忠信之至，非礼之所能饰；而时和先后，非数之所能存也。故聪明博达，智虑四起，睹阴之纲，得阳之纪，明鬼神之道，通万物之理，仰则见天之里，俯则见地之里，教民不休，事至不止，以此致平，非所闻也。比夫万物之托君也，犹神明之居身而井水之在庭也，水不可以有为清也，神不可以思虑宁也；夫天地之间万物并兴，不可以有事平也。是以大丈夫之为化也，体道抱德，太虚通洞，成而若缺，有而若亡，其静无体，动而无声；忠信敦悫，不知为首，玄默暗昧，朴素为先；损心弃意，不见威仪，无务无为，若龙若蛇；违礼废义，归于无事，因时应变，不预设然；秉微统要，与时推移，取舍屈伸，与变俱存；祸乱患咎，求之于己，百祥万福，无情于人。

三十九章

昔之得一者,[1]天得一以清,地得一以宁,[2]神得一以灵,[3]谷得一以盈,[4]万物得一以生,[5]侯王得一以为天下贞。[6]其致之,[7]天无以清将恐裂,[8]地无以宁将恐发,[9]神无以灵将恐歇,[10]谷无以盈将恐竭,[11]万物无以生将恐灭,[12]侯王无以贵高将恐蹶。[13]故贵以贱为本,[14]高以下为基。[15]是以侯王自称孤、寡、不榖。[16]此非以贱为本邪?[17]非乎?[18]故致数舆无舆,[19]不欲琭琭如玉,珞珞如石。[20]

[1]【河上公注】昔,往也。一,无为,道之子也。

【王弼注】昔,始也。一,数之始而物之极也。各是一物之生,所以为主也。物皆各得此一以成,既成而舍以居成,居成则失其母,故皆裂发歇竭灭蹶也。

[2]【河上公注】言天得一,故能垂象清明;地得一,故能安静不动摇。

[3]【河上公注】言神得一,故能变化无形。

[4]【河上公注】言谷得一,故能盈满而不绝也。

[5]【河上公注】言万物皆须道以生成也。

[6]【河上公注】言侯王得一,故能为天下平正。

[7]【河上公注】致,诚也,谓下五事也。

【王弼注】各以其一,致此清、宁、灵、盈、生、贞。

[8]【河上公注】言天当有阴阳施张,昼夜更用,不可但欲清明无已时,将恐分裂不为天。

【王弼注】用一以致清耳,非用清以清也。守一则清不失,用清则恐裂也。故为功之母,不可舍也。是以皆无用其功,恐丧其本也。

[9]【河上公注】言地当有高下刚柔,气节五行,不可但欲安静无已时,将恐发泄不为地。

[10]【河上公注】言神当有王相囚死休废,不可但欲灵无已时,将恐虚歇不为神也。

[11]【河上公注】言谷当有盈缩虚实,不可但欲盈满无已时,将恐枯竭不为谷。

[12]【河上公注】言万物当随时生死,不可但欲生无已时,将恐灭亡不为物也。

[13]【河上公注】言侯王当屈己以下人,汲汲求贤,不可但欲高于人,将恐颠蹶失其位也。

[14]【河上公注】言必欲尊贵,当以薄贱为本。若禹稷躬稼,舜陶河滨,周公下白屋也。

[15]【河上公注】言必欲尊贵,当以下为本基,犹筑墙造功,因卑成高,下不坚固,后必倾危。

[16]【河上公注】孤寡谕孤独,不谷谕不能如车毂,为众辐所凑。

[17]【河上公注】言侯王至尊贵,能以孤寡自称,此非以贱为本乎?以晓人。

[18]【河上公注】嗟叹之辞。

[19]【河上公注】致,就也。言人就车数之,为辐、为轮、为毂、为衡、为轝,无有名为车者,故成为车。以谕侯王不以尊号自名,故能成其贵。

[20]【河上公注】球球谕少,落落谕多。玉少故见贵,石多故见贱。言不欲如玉为人所贵,如石为人所贱,当处其中也。

【王弼注】清不能为清,盈不能为盈,皆有其母以存其形,故清不足贵,盈不足多,贵在其母,而母无贵形。贵乃以贱为本,高乃以下为基,故致数舆乃无舆也。玉石球球珞珞,体尽于形,故不欲也。

【指归】

　　一者,道之子,神明之母,太和之宗,天地之祖;于神为无,于道为有,于神为大,于道为小。故其为物也,虚而实,无而有,圆而不规,方而不矩,绳绳忽忽,无端无绪;不浮不沉,不行不止,为于不为,施于不与,合囊变化,负包分理。无无之无,始始之始,无外无内,混混沌沌,芒芒泛泛,可左可右;虚无为常,清静为主,通达万天,流行亿野;万物以然,无有形兆,窅然独存,玄妙独处;周密无间,平易不改,混冥皓天,无所不有;陶冶神明,不与之同,造化天地,不与之处;禀而不损,收而不聚,不曲不直,不先不后;高大无极,深微不测,上下不可隐议,旁流不可揆度;潢尔舒与,皓然鍕生,鍕生而不与之变化,变化而不与之俱生。不生也而物自生,不为也而物自成。天地之外,毫厘之内,禀气不同,殊形异类,皆得一之一以生,尽得一之化以成。故一者,万物之所导而变化之至要也,万方之准绳而百变之权量也。一,其名也;德,其号也;无有,其舍也;无为,其事也;无形,其度也;反,其大数也;和,其归也;弱,其用也。故能知一,千变不穷,万轮不失。不能知一,时凶时吉,持国者亡,守身者没。

　　是故昔之得一者,天之性得一之清,而天之所为非清也。无心无意,无为无事,以顺其性;玄玄默默,无容无式,以保其命。是以阴阳自起,变化自正。故能刚健运动以致其高,清明大通,皓白和正,纯粹真茂,不与物糅。确然《大易》,乾乾光耀,万物资始,云蒸雨施,品部流形,元首性命,玄玄苍苍,无不尽覆。地之性得一之宁,而地之所为非宁也。无知无识,无为无事,以顺其性;无度无数,无爱无利,以保其命。是以山川自起,刚柔自正。故能信顺柔弱,直方和正,广大无疆,深厚清静,万物资生,无不成载。神之性得一之灵,而神之所为非灵也。不思不虑,无为无事,以顺其性;无计无谋,无向无首,以保其命。是以消息自起,存亡自正。故老能复壮,死能复生,困能复达,废能复荣;变化不极,反复不穷,物类托之,不失其中。谷之性得一以盈,而谷之所为非盈也。不欲不求,无为无事,以顺其性;不仁不义,不与不施,以保其命。是以虚实自起，盛衰自正。故能蒸山流泽，以为通德；涓涓不息，绵绵不绝，皓皓洋洋，修远无极，以盈江海，深大不测。侯王之性得一之正，而侯王之所为非正也。去心去志，无为无事，以顺其性；去聪去明，虚无自应，以保其命。是以和平自起，万物自正。故能体道合德，与天同则；抱神履和，包裹万物；声飞化物，盈溢六合；德导天地，明照日月；制世御俗，宇内为一。

凡此五者，得一行之，兴而不废，成而不缺，流而不绝，光而不灭。夫何故哉？性命自然，动而由一也。是故使天有为，动不顺一，为高得卑，为清得裂；阴阳谬戾，纲弛纪绝；和气隔塞，三光消灭；雷霆妄作，万物皆失。使地有为，动不顺一，为直得枉，为宁得发；山川崩绝，刚柔卷折。气化不通，五行毁缺；百穀枯槁，群生疾疫。使神有为，动不顺一，为达得困，为灵得歇；变化失序，缔滞消竭；盛衰者亡，弛张者殁。使谷有为，动不顺一，为有得亡，为盈得竭；虚实反覆，流泽不入。使侯王有为，动不顺一，为贵得贱，为正得蹶；乱扰迷惑，事由己出；百官失中，丧其名实；万民不归，天地是绝。

凡此五者，性命淳美，变化穷极，进退屈伸，不离法式，得一而存，失一而没，况乎非圣人而王万民、废法式而任其心者哉！是故天人之道，物类化变，为寡者众，为贱者贵，为高者卑，为成者败，益之者损，利之者害，处其反者得其覆，为所求者失所欲。是以贤君圣主，势在民上，爵尊天下，泽连万物，德怀四海，道之所佑，天地所助，万物所归，鬼神所与，厉身起节，自谓孤寡，处卑守微，躬涉劳苦，损心挫志，务设民下。不为贵，故擅民之命；不为高，故常在民上；不欲也，故无所不有；不为也，故无所不宰。万物纷纭，身无所与，故能为之本。

非独王道，万事然矣。夫工之造舆也，为圆为方，为短为长，为曲为直，为纵为横，终身揳揳，卒不为舆，故能成舆，而令可行也。夫玉之为物也，微以寡；而石之为物也，巨以众。众故贱，寡故贵。玉之与石俱生一类，寡之与众，或求或弃，故贵贱在于多少，成败在于为否。是以圣人为之以反，守之以和，与时俯仰，因物变化。不为石，不为玉，常在玉石之间；不多不少，不贵不贱，一为纲纪，道为桢干。故能专制天下而威不可胜，全活万物而德不可量；贵而无忧，贱而无患，高而无殆，卑而愈安；审于反覆，归于玄默，明于有无，反于太初。无以身为，故神明不释；无以天下为，故天下与之俱。夫何故哉？因道而动，循一而行。道之至数，一之大方，变化由反，和纤为常，起然于否，为存于亡。天地生于太和，太和生于虚冥。

四十章

反者道之动，[1]弱者道之用。[2]天下万物生于有，[3]有生于无。[4]

[1]【河上公注】反，本也。本者，道所以动。动生万物，背之则亡也。

【王弼注】高以下为基，贵以贱为本，有以无为用，此其反也。动皆知其所无，则物通矣，故曰反者道之动也。

[2]【河上公注】柔弱者，道之所常用，故能长久。

【王弼注】柔弱同通，不可穷极。

[3]【河上公注】万物皆从天地生，天地有形位，故言生于有也。

[4]【河上公注】天地神明，蜎飞蠕动，皆从道生。道无形，故言生于无。此言本胜于华，弱胜于强，谦虚胜盈满也。

【王弼注】天下之物皆以有为生，有之所始，以无为本。将欲全有，必反于无也。

四十一章

上士闻道，勤而行之。[1]中士闻道，若存若亡。[2]下士闻道，大笑之，[3]不笑不足以为道。[4]故建言有之[5]：明道若昧，[6]进道若退，[7]夷道若纇，[8]上德若谷，[9]大白若辱，[10]广德若不足，[11]建德若偷，[12]质真若渝，[13]大方无隅，[14]大器晚成，[15]大音希声，[16]大象无形，[17]道隐无名。[18]夫唯道，善贷且成。[19]

[1]【河上公注】上士闻道，自勤苦竭力而行之。

【王弼注】有志也。

[2]【河上公注】中士闻道，治身以长存，治国以太平，欣欣然而存之。退见财色荣誉，惑于情欲，而复亡之也。

[3]【河上公注】下士贪狼多欲，见道柔弱，谓之恐惧；见道质朴，谓之鄙陋，故大笑之。

[4]【河上公注】不为下士所笑，不足以名为道。

[5]【河上公注】建，设也。设言以有道，当如下句。

【王弼注】建，犹立也。

[6]【河上公注】明道之人，若暗昧无所见。

【王弼注】光而不耀。

[7]【河上公注】进取道者，若退不及。

【王弼注】后其身而身先，外其身而身存。

[8]【河上公注】夷，平也。大道之人不自别殊，若多比类也。

【王弼注】纇，　也。大夷之道，因物之性，不执平以割物。其平不见, 乃更反若颣 也。

[9]【河上公注】上德之人若深谷, 不耻垢浊也。

【王弼注】不德其德, 无所怀也。

[10]【河上公注】大洁白之人, 若污辱, 不自彰显。

【王弼注】知其白, 守其黑, 大白然后乃得。

[11]【河上公注】德行广大之人, 若愚顽不足也。

【王弼注】广德不盈, 廓然无形, 不可满也。

[12]【河上公注】建设道德之人, 若可偷引, 使空虚也。

【王弼注】偷, 匹也。建德者, 因物自然, 不立不施, 故若偷匹。

[13]【河上公注】质朴之人若五色, 有渝浅不明。

【王弼注】质真者, 不矜其真, 故渝。

[14]【河上公注】大方正之人, 无委曲廉隅。

【王弼注】方而不割, 故无隅也。

[15]【河上公注】大器之人, 若九鼎瑚琏, 不可卒成也。

【王弼注】大器成, 天下不持全别, 故必晚成也。

[16]【河上公注】大音犹雷霆, 待时而动, 喻常爱气希言也。

【王弼注】听之不闻名曰希, 不可得闻之音也。有声则有分, 有分则不宫而商矣。分则不能统众, 故有声者非大音也。

[17]【河上公注】大法象之人, 质朴无形容。

【王弼注】有形则有分, 有分者不温则炎, 不炎则寒。故象而形者, 非大象。

[18]【河上公注】道潜隐, 使人无能指名也。

[19]【河上公注】成, 就也。言道善禀贷人精气, 且成就之也。

【王弼注】凡此诸善, 皆是道之所成也。在象则为大象, 而大象无形; 在音则为大音, 而大音希声。物以之成, 而不见其成形, 故隐而无名也。贷之非唯供其乏而已, 一贷之则足以永终其德, 故曰善贷也。成之不如机匠之裁, 无物而不济其形, 故曰善成。

【指归】

道德天地，各有所章，物有高下，气有短长；各乐其所乐，患其所患，见其所见，闻其所闻，取舍殁缪，畏喜殊方。故鹌鹩高飞，终日驰骛，而志在乎蒿苗；鸿鹄高举，径历东西，通千达万，而志在乎陂池；鸾凤翱翔，万仞之上，优游太清之中，而常以为卑。延颈舒翼，凌苍云，薄日月，高翔远逝，旷时不食，往来九州，栖息八极，乃得其宜。三者殊便，皆以为娱。故无穷之原，万寻之泉，神龙之所归，小鱼之所去；高山大丘，深林巨壑，茂木畅枝，鸿鸟虎豹之所喜，而鸡狗之所恶。

悲夫！三代之遗风，儒墨之流文，诵诗书，修礼节，歌雅颂，弹琴瑟，崇仁义，祖洁白，追观往古，通明数术，变是定非，已经得失，身宁名荣，乡人传业，中士之所道，上士之所废也。闲居幽思，强识万物；设伪饰非，虚言名实；趋翔进退，升降跪集；治闺门之礼，偶时俗之际；倾侧偃仰，务合当世；阿富顺贵，下众耳目，获尊蒙宠，流俗是则，此下士之所履，而中士之所弃。故规矩不相害，殊性孰相安？贤圣不为匹，愚智不为群；大人乐恬淡，小人欣于戚戚；堂堂之业不喻于众庶，栖栖之事不悦于大丈夫；鸟兽并兴，各有所趋；群士经世，各有所归。是以捐聪明，弃智虑，反归真朴，游于太素，轻物傲世，卓尔不污；喜怒不婴于心，利害不接于意，贵贱同域，存亡一度；动于不为，贤于玄妙，精神平静，无所章载，抱德含和，帅然反化，大圣之所尚，而上士之所务，中士之所眩耀，而下士之所大笑也。是故中士所闻非至美也，下士所见非至善也。中士所眩，下士所笑，乃美善之美善者也！夫陈大言，舒至论，表自然，穷微妙，则中士眩而下士笑。浮言游说，生息百变，起福兴利，成功遂事，则中士论而下士觉。彼非喜凶而恶吉、贵祸而贱福也，性与之远，情与之反，若处黄泉听视九天，辽远绝灭，不能见闻而已矣！

故圣人建言日有之。有之者，言道之难知，惟柄自然之归，以统万方之指者能有之，非庸庸者之所能闻也。夫故何哉？圣人之道，深微浩远，魁魁忽忽，冥冥昭昭。虚无寂泊，万物以往；纤微高大，无有形象。穷而极之，则知不能存也；要而约之，则口不能言也；推移离散，则书不能传也。何则？进道若退，亡道若存，欲治天下，还反其身。静为虚户，虚为道门，泊为神本，寂为和根，嗇为气容，微为事功。居无之后，在有之前，弃捐天下，先有其身，养神积和，以治其心。心为身主，身为国心，天下应之，若性自然。

是故夷道若纇，使正玄起，除其法物，去其分理。从民之心，听其所有；灭其文章，平其险阻；折关破键，使奸自止；坏城散狱，使民自守；休卒偃兵，为天下市，万方往之，如川归海。

德如豁谷，不施不与，不爱不利，不处不去。无为而恩流，不仁而泽厚，长育群生，为天下母。

大白青青，常如惊恐，无制而势隆，无寄而权重，德交造化，与天下为友。出白入黑，不为美好，逐功逃名，乃长昭昭。

盛德之人，敦敦恮恮；若似不足，无形无容；简情易性，化为童蒙；无为无事，若痴若聋；身体居一，神明千之；变化不可见，喜欲不可闻，若闭若塞，独与道存。

建德若偷，无所不成。涂民耳目，饰民神明；绝民之欲，以益民性；灭民之乐，以延民命；捐民服色，使民无营。塞民心意，使得安宁。

质真若渝，为民玄则，生之以道，养之以德。导之以精神，和之以法式。居以天地，照以日月。变以阴阳，食以水穀，制以无形，系以无极。天下喁喁，靡不宾服，宇内康宁，万物繁殖。若非其功，而非其德，大而似小，醇而似薄。

大方不矩，无所不包。方于不方，直于不直，无圻无堮，无法无式。不方不直，万物自得，不直不方，天地自行。在为之阴，居否之阳，和为中主，分理自明，与天为一，与地为常。

是故大器晚成，无所不有，变于无形，化于无朕，动而无声，为而无体。威德不可见，功业不可视；祸息于冥冥，福生于宥宥。寂泊而然，是谓至巧；万物生之，莫知所从。勉勉而成，故能长久。

是以大音希声，告以不言。言于不言，神明相传；默然不动，天下大通。无声而万物骇，无音而万物唱；天地人物，无期俱和，若响应声。

大象无形，大状无容。进而万物存，退而万物丧；天地与之俯仰；阴阳与之屈伸；效之象之，若影随形。

是知道盛无号，德丰无谥。功高无量，而天下不以为大；德弥四海，而天下不以为贵；光耀六合，还反芒昧。夫何故哉？道之为化也，始于无，终于末；存于不存，贷于不贷；动而万物成，静而天下遂也。

四十二章

道生一，^[1]一生二，^[2]二生三，^[3]三生万物。^[4]万物负阴而抱阳，^[5]冲气以为和。^[6]人之所恶，唯孤、寡、不穀，而王公以为称。^[7]故物或损之而益，^[8]或益之而损。^[9]人之所教，^[10]我亦教之。^[11]强梁者不得其死，^[12]吾将以为教父。^[13]

[1]【河上公注】道始所生者，一也。

[2]【河上公注】一生阴与阳也。

[3]【河上公注】阴阳生和清浊三气，分为天地人也。

[4]【河上公注】天地共生万物也。天施地化，人长养之也。

[5]【河上公注】万物无不负阴而向阳，回心而就日。

[6]【河上公注】万物中皆有元气，得以和柔。若胸中有藏，骨中有髓，草木中有空虚，与气通，故得久生也。

[7]【河上公注】孤寡不穀者，不祥之名，而王公以为称者，处谦卑，法虚空和柔。

[8]【河上公注】引之不得，推之必还。

[9]【河上公注】夫增高者崩，贪富者致患。

【王弼注】万物万形，其归一也。何由致一？由于无也。由无乃一，一可谓无？已谓之一，岂得无言乎？有言有一，非二如何？有一有二，遂生乎三。从无之有，数尽乎斯，过此以往，非道之流。故万物之生，吾知其主，虽有万形，冲气一焉。百姓有心，异国殊风，而得一者，王侯主焉。以一为主，一何可舍？愈多愈远，损则近之，损之至尽，乃得其极。既谓之一, 犹乃至三, 况本不一, 而道可近乎? 损之而益, 岂虚言也!

[10]【河上公注】谓众人所以教, 去弱为强, 去柔为刚。

[11]【河上公注】言我教众人, 使去强为弱, 去刚为柔。

【王弼注】我之非强使人从之也, 而用夫自然, 举其至理, 顺之必吉, 违之必凶。故人相教, 违之自取其凶也, 亦如我之教人, 勿违之也。

[12]【河上公注】强梁, 谓不信玄妙, 背叛道德, 不从经教, 尚势任力也。不得其死者, 为天所绝, 兵刃所伐, 王法所杀, 不得以寿命死也。

[13]【河上公注】父, 始也。老子以强梁之人为教戒之始也。

【王弼注】强梁, 则必不得其死。人相教为强梁, 则必如我之教人不当为强梁也。举其强梁不得其死以教邪? 若云顺吾教之必吉也, 故得其违教之徒, 适可以为教父也。

【指归】

有虚之虚者开导禀受, 无然然者而然不能然也; 有虚者陶冶变化, 始生生者而生不能生也; 有无之无者而神明不能改, 造存存者而存不能存也; 有无者纤微玄妙, 动成成者而成不能成也。故虚之虚者生虚者, 无之无者生无者, 无者生有形者, 故诸有形之徒皆属于物类。物有所宗, 类有所祖; 天地, 物之大者, 人次之矣。夫天人之生也, 形因于气, 气因于和, 和因于神明, 神明因于道德, 道德因于自然, 万物以存。故使天为天者非天也, 使人为人者非人也。何以明之? 庄子曰: 夫人形窍, 何所取之? 聪明感应, 何所得之? 变化终始, 孰者为之? 由此观之, 有生于无, 实生于虚, 亦以明矣。是故无无无始, 不可存在, 无形无声, 不可视听, 禀无授有, 不可言道, 无无无之无, 始末始之始, 万物所由, 性命所以, 无有所名者谓之道。

道, 虚之虚, 故能生一。有物混沌, 恍惚居起; 轻而不发, 重而不止, 阳而无表, 阴而无里; 既无上下, 又无左右, 通达无境, 为道纲纪; 怀壤空虚, 包裹未有, 无形无名, 芒芒溳溳, 混混沌沌, 冥冥不可稽之, 亡于声色, 莫之与比; 指之无向, 搏之无有, 浩洋无穷, 不可论谕。潢然大同，无终无始，万物之庐，为太初首者，故谓之一。

一以虚，故能生二。二物并兴，妙妙纤微；生生存存，因物变化，滑淖无形，生息不衰；光耀玄冥，无向无存；包裹天地，莫睹其元；不可逐以声，不可逃以形，谓之神明。存物物存，去物物亡，智力不能接而威德不能运者，谓之二。

二以无之无，故能生三。三物俱生，浑浑茫茫，视之不见其形，听之不闻其声，搏之不得其绪，望之不睹其门；不可揆度，不可测量，冥冥宵宵，潢洋堂堂。一清一浊，与和俱行，天人所始，未有形朕圻堮，根系于一，受命于神者，谓之三。

三以无，故能生万物。清浊以分，高卑以陈，阴阳始别，和气流行，三光运，群类生。有形商可因循者，有声色可见闻者，谓之万物。

万物之生也，皆元于虚，始于无。背阴向阳，归柔去刚，清静不动，心意不作，而形容修广、性命通达者，以含和柔弱而道无形也。是故虚无无形微寡柔弱者，天地之所由兴，而万物之所因生也；众人之所恶，而侯王之所以自名也；万物之源泉，成功之本根也。

故贤君圣主，以至尊之位、强大之势，处孤寡，居不穀；逐所求，逃所欲；去大为小，安卑乐损。出无迹，入无朕；动于福先，静于祸始。无为无事，天下自已；不视不听，抱和以静；神明生息，形容自正；进退有常，不变其行；德化凌风，理于蒸庶，天地是佑，万物是归。

众人则不然，见闻知病。见闻知病，合于成事，不睹未然之变，故贵坚刚。大权造势，众务不制；深度柔弱，远绝微寡；动与道舛，静与天连；神明溃浊，众事并兴；思虑迷惑，妄喜妄怒；福禧出门，妖孽入户，天网以发，不可解之也。滂然祸生，怆尔觉悟，屈约而言卑，将死而辞善，虽欲改过为新，反于微寡，自然不释，与生路远，破国亡家，祸及子孙。

故众人之教，变愚为智，化弱为强，去微归显，背隐为彰，暴宠争逐，死于荣名。圣人之教则反之，愚以之智，辱以之荣，微以之显，隐以之彰，寡以之众，弱以之强。去心释意，务于无名；无知无识，归于玄冥。殊途异指，或存或亡。是以强秦大楚，专制而灭；神汉龙兴，和顺而昌。故强者离道，梁者去神，生主以退，安得长存？不求于己，怨命尤天，圣人悲之，以为教先。书之竹帛，明示后人，终世反之，故罹其患。

四十三章

天下之至柔，驰骋天下之至坚。^[1]无有入无间，^[2]吾是以知无为之有益。^[3]不言之教，^[4]无为之益，^[5]天下希及之。^[6]

[1]【河上公注】至柔者水，至坚者金石，水能贯坚入刚，无所不通。

【王弼注】气无所不入，水无所不经。

[2]【河上公注】无有，谓道也。道无形质，故能出入无间，通神群生也。

[3]【河上公注】吾见道无为而万物自化成，是以知无为之有益于人也。

【王弼注】虚无柔弱，无所不通。无有不可穷，至柔不可折，以此推之，故知无为之有益也。

[4]【河上公注】法道不言，师之以身。

[5]【河上公注】法道无为，治身则有益精神，治国则有益万民，不劳烦也。

[6]【河上公注】天下，人主也，希能有及道无为之治身、治国也。

【指归】

道德至灵而神明宾，神明至无而太和臣。清浊太和至柔无形，包裹天地，含囊阴阳，经纪万物，无不维纲。或在宇外，或处天内，人物借之而生，莫有见闻。毳不足以为号，弱不足以为名，圣人以意存之物也，故字曰至柔，名曰无形。是以无形之物不以坚坚，不以壮壮，故能弊天地，销铜铁，风驰电骋，经极日月，周流上下，过飘历忽，安固翱翔，沦于无物。

何以效其然也？夫响以无声不可穷；影以无形不可极；水以淖弱贯金石，沉万物；地以柔顺成大功，胜草木；舌耳无患，角齿伤折。由此观之，柔者弊坚，虚者驰实，非有为之，自然之物也。是以地狭民少，兵寡食鲜，意妙欲微，神明是守。与天相参，视物如子，德盛化隆，恩深泽厚。吏忠卒信，主忧将恐，累柔积弱，常在民后，被羞蒙辱，国在雌下，诸侯信之，比于赤子，天下往之，若归父母。人物同欲，威势自起，强者不能凌，大者不能取；终始反复，强弱变化，天地为助，神明为辅，时至不制，为天下主。夫何故哉？以道柔弱而体微寡也。故地广民众，国富兵强，吏勇卒悍，主能将严，赏重罚峻，削直刻深，百官战栗，若在君前，势便地利，为海内雄，轻敌乐战，易动师众，合变生奇，凌天侮地，诸侯执服，靡不悬命，威震境外，常为枭俊，人忧物恐，威动天地，道德不载，神明是离，众弱同心，万民不附，身死国亡，族类流散。夫何故哉？体坚刚而积憍吝也。

夫道以无有之有，通无间，游无理，光耀有为之室，澄清无为之府，出入无外而无坼，经历珠玉而无朕。何以效其然也？夫有形镰利，不入无理，神明在身，出无间，入无孔，俯仰之顷经千里。由此言之，有为之为，有废无功；无为之为，成遂无穷，天地是造，人物是兴。有声之声，闻于百里；无声之声，动于天外，震于四海。言之所言，异类不通；不言之言，阴阳化，天地感。且道德无为而天地成，天地不言而四时行。凡此两者，神民之符，自然之验也。

是以圣人虚心以原道德，静气以存神明，损聪以听无音；弃明以视无形；览天地之变动，观万物之自然，以睹有为乱之首也，无为治之元也，言者祸之户也，不言者福之门也。是故绝圣弃智，除仁去义；发道之心，扬德之意；顺神养和，任天事地；阴阳奉职，四时驰骛，乱原以绝，物安其处。世主恬淡，万民无事。教以不言之言，化以不化之化，示以无象之象，而归乎玄妙；奄民情欲，顺其性命，使民无知，长生久视。故我无言而天地无为，天地无为而道德无为。三者并兴，总进相乘；和气洋溢，太平滋生；人物集处，宇内混同；祸门已闭，天下童蒙；世无耻辱，不睹吉凶；知故室塞，自然大通；家获神明之福，人有圣智之功。

当此之时，主如天地，民如婴儿。饮主之德，食主之和；阳出阴入，与道卷舒；君父在上，若有若无。天下惘惘，昧昧喝喝；不之若觳，无为若雏；生而不喜，死而不忧；闵闵鞔鞔，性命有余；莫有求之，万福自来。夫何故哉？人主不言，而道无为也。无为之关，不言之机，在于精妙，处于神微。神微之始，精妙之宗，生无根蒂，出入无门，常于为否之间，时和之元。故可闻而不可显也，可见而不可阐也，可得而不可传也，可用而不可言也。柄而推之，要而归之，易为智者陈，难为浅闻者言也。何则？广大深远，而众人莫能及也；上而若反，而众人莫能入也；淡淡滥滥，而世人莫能闻也；宵宵冥冥，而俗主莫能行也。

四十四章

名与身孰亲？[1]身与货孰多？[2]得与亡孰病？[3]是故甚爱必大费，[4]多藏必厚亡。[5]知足不辱，[6]知止不殆，[7]可以长久。[8]

[1]【河上公注】名遂，则身退也。

【王弼注】尚名好高，其身必疏。

[2]【河上公注】财多，则害身也。

【王弼注】贪货无厌，其身必少。

[3]【河上公注】好得利，则病于行也。

【王弼注】得多利而亡其身，何者为病也？

[4]【河上公注】甚爱色，费精神；甚爱财，遇祸患。所爱者少，所亡者多，故言大费。

[5]【河上公注】生多藏于府库，死多藏于丘墓。生有功劫之忧，死有掘冢探柩之患。

【王弼注】甚爱不与物通，多藏不与物散，求之者多，攻之者众，为物所病，故大费、厚亡也。

[6]【河上公注】知足之人，绝利去欲，不辱于身。

[7]【河上公注】知可止，则财利不累身；声色不乱于耳目，则身不危殆也。

[8]【河上公注】人能知止足，则福禄在己。治身者神不劳，治国者民不扰，故可长久。

【指归】

我性之所禀而为我者，道德也；其所假而生者，神明也；其所因而成者，太和也；其所托而形者，天地也。凡此数者，然我而我不能然也。故法象莫崇乎道德，稽式莫高乎神明，表仪莫广乎太和，著明莫大乎天地。道德神明常生不死，清浊太和变化无穷，天地之道存而难亡，阴阳之事动而难终。由此观之，祸极于死，福极于生。是以圣人上原道德之意，下揆天地之心。崇高显荣，吉祥盛德，深闳浩大，尊宠穷极，莫大乎生；万物陈列，奇怪珍宝，金玉珠璧，利深得巨，莫大乎身；祸世之匠，乱国之工，绝逆天地，伤害我身，莫大乎名；生憍长溢，困民贫国，扰浊精神，使心多欲，叛天违道，争为盗贼，天下不亲，世多兵革，一人为之，伤败万国，主死民亡，物蒙其毒，莫大乎货。

故得之与亡，或病或利。得名得货，道德不居，神明不留，大命以绝，天不能救。失名失货，道德是佑，神明是助，名显自然，富配天地。故细身大名，未可与论至道也，轻身重国，未可与图利也。夫无名之名，生我之宅也；有名之名，丧我之橐也。无货之货，养我之福也；有货之货，丧我之贼也。是故甚爱其身，至建荣民，为之行之，力之劳之，强迫情性，以损其神，多积货财，日以憍盈，憍亡之道，货名俱终。故神明不能活，天地不能全也。

夫何故哉？道德之化，天地之数，一阴一阳，分为四时，离为五行，纶为罗网，设为无间；万物之性，各有分度，不得相干。造化之心，和正以公，自然一概，正直平均，无所爱恶，与物通同；剂长续短，损盈益虚，不足者养，有余者丧，贪叨多积，自遗祸殃。不足不止，利心常起；智以诈愚，强以大取；自然均之，名利归主。失之而忧，得之而喜。一喜一忧，魂魄浮游；一忧一喜，神明去矣；身死名灭，祸及子孙。

故名利与身，若炭与冰，形性相反，势不俱然。名终体极、身存世昌者，天下无之。是故扰心滑意，用情事神，凤夜趋务，饰容治辞，忧怀众庶，创事立功，励身起节，以显荣名，是损所以有身，而益所以亡身也。竭筋力，忍饥渴，犯寒暑，践危狭；薄衣恶食，不适口腹；迎朝送晚，被耻蒙辱；精奔神驰，汲汲不止；逆道干荣，多入为有，危身以宁，货积神亡，货患自来，憍亡俱至。则是为福以亡福，求利以去利。故成败之事在为与否，存亡之道在去与来。

是以知足之人体道同德，绝名除利，立我于无身；养物而不自生，与物而不自存；信顺之间足以存神，室家之业足以终年。常自然，故不可杀；处虚无，故不可中；细名轻物，故不可污；欲不欲，故能长荣。知止之人，贵为天子，不以枉志；贫处岩穴，不以幽神；进而不以为显，退而不以为穷；无祸无福，无得无丧，不为有罪，不为有功；不求不辞，若海若江，游扬玄域，神名是通。动顺天地，故不可危；殊利异害，故能常然。是以精深而不拔，神固而不脱；魁如天地，照如日月；既精且神，以保其身；知足而止，故能长存。此谓避名而名我随，逃利而利我追者也。

四十五章

大成若缺，[1]其用不弊；[2]大盈若冲，[3]其用不穷。[4]大直若屈，[5]大巧若拙，[6]大辩若讷。[7]躁胜寒，[8]静胜热，[9]清静为天下正。[10]

[1]【河上公注】谓道德大成之君。若缺者，灭名藏誉，如毁缺不备也。

[2]【河上公注】其用心如是，则无弊尽时。

【王弼注】随物而成，不为一象，故若缺也。

[3]【河上公注】谓道德大盈满之君也。如冲者，贵不敢骄也，富不敢奢也。

[4]【河上公注】其用心如是，则无穷尽时也。

【王弼注】大盈冲足，随物而与，无所爱矜，故若冲也。

[5]【河上公注】大直谓修道法度，正直如一也。如屈者，不与俗人争，如可屈折。【王弼注】随物而直，直不在一，故若屈也。

[6]【河上公注】大巧，谓多才术也。如拙者，亦不敢见其能。

【王弼注】大巧因自然以成器，不造为异端，故若拙也。

[7]【河上公注】大辩者，智无疑，如讷者，口无辞。

【王弼注】大辩因物而言，己无所造，故若讷也。

[8]【河上公注】胜，极也。春夏阳气躁疾于上，万物盛大。极则寒，寒则零落死亡也，言人不当刚躁也。

[9]【河上公注】秋冬万物静于黄泉之下，极则热，热者生之源。

[10]【河上公注】能清静则为天下长，持正则无终已时也。

【王弼注】躁罢然后胜寒，静无为以胜热。以此推之，则清静为天下正也。静则全物之真，躁则犯物之性，故惟清静乃得如上诸大也。

【指归】

道德无为而神明然矣，神明无为而太和自起，太和无为而万物自理。或无根而生，或无足而走，或无耳而听，或无口而鸣，殊类异伦皆与之市。母爱其子，子爱其母，男女相兼，物尊其主；巢生而啄，胎生而乳，鸟惊而散，兽惊而聚；阴物穴居，阳物巢处，火动炎上，水动润下；万物青青，春生夏长，秋成冬熟，皆归于土，非有政教，物自然也。

由此观之，为不生为，否不生否，明不生明，晦不生晦，不为、不否、不明、不晦乃得其纪也。故大道坦坦，不出门户；其出弥远，其知弥寡。道在于身，不在于野；化自于我，不由于彼，万物常治，智慧不起。是以圣人柄和履正，治之无形；游于虚廓，以镜太清；遗魂忘魄，休精息神；无为而然，玄默而信；宵然荡荡，昭旷独存；髣髴辗逮，其事素真；其用不弊，莫之见闻。夫何故哉？微妙周密，清静以真，未有形声，变化其元；开导如阳，闭塞如阴，堤塝如地，运动如天。文武玄作，盛德自分。

是以盈而若冲，实而若虚。不显仁义，不见表仪，不建法式，不事有为。上欲不欲，天下自化，敦厚朴素，民如婴儿，蒙蒙不知所求，茫茫不知所之。其用不穷，流而不衰；不耕自有食，不织自有衣；暑则静于保，寒则躁于裘。无有忌讳，与麋鹿居，背发含哺，相随而游。主有余德，民有余财，化袭万物，无所不为。光景不见，独玄有奇，天地人物，与之俱化，乘空载虚，与道徘徊。历度四海，周流六虚，浩洋无穷，栖息至无。夫何故哉？直而若屈，正而若枉。世主为声，天下为响；世主为形，人物为影。故不祀而天心和，不降席而正四海，故曰大巧若拙。

天道自卑。无律历而阴阳和，无正朔而四时节，无法度而天下宾，无赏罚而名实得，隐武藏威，无所不胜，弃捐战伐，无所不克；无号令而民自正，无文章而海内自明，无符玺而天下自信，无度数而万物自均。

是以嬴而若绌，得之若丧。无钟鼓而民娱乐，无五味而民食甘，无服色而民美好，无畜积而民多盈。夫何故哉？因道任天，不事知故，使民自然也。

　　天地之道，一进一退而万物成遂，变化不可闭塞，屈伸不可障蔽。故阴之至也，地裂而冰凝，清风飂冽，霜雪严严，鱼鳖蛰伏，万物宛拳。当此之时，处温室，临炉火，重狐貉，袭毳绵，犹不能御也。及至定神安精，动体劳形，则是理泄汗流，捐衣出室，暖有余身矣。阳之至也，煎砂烂石，飞鸟绝，水虫疾，万物枯槁，江河消竭。当此之时，入沉清泉，出衣絺绤，燕高台，服寒石，犹不能任也。及至解心释意，托神清静，形捐四海之外，游志无有之内，心平气和，凉有余矣。

　　夫知故之为术也，治人事，育群形，德延天地，功配阴阳。及其生乱也，发于无形，起于无声，与政卷舒，与化推移，得人如湿，逮人若阴，犹响应言，影不离形。为之愈乱，治之益烦，明智不能领，严刑不能禁。是无为者，有为之君而成功之主也，政教之元而变化之母也；其除祸乱，犹躁之胜寒而静之胜暑也。是以圣人去知去虑，虚心专气，清静因应，则天之心，顺地之意；政举化流，如日之光，祸乱消灭，若云之除；天下象之，无所不为；万物师之，无所不事。

四十六章

天下有道，^[1]却走马以粪；^[2]天下无道，^[3]戎马生于郊。^[4]祸莫大于不知足，^[5]咎莫大于欲得。^[6]故知足之足，^[7]常足矣。^[8]

[1]【河上公注】谓人主有道也。

[2]【河上公注】粪者，粪田也。兵甲不用，却走马，治农田。治身者，却阳精以粪其身。

【王弼注】天下有道，知足知止，无求于外，各修其内而已，故却走马以治田粪也。

[3]【河上公注】谓人主无道也。

[4]【河上公注】战伐不止，戎马生于郊境之上，久不还也。

【王弼注】贪欲无厌，不修其内，各求于外，故戎马生于郊也。

[5]【河上公注】富贵不能自禁止也。

[6]【河上公注】欲得人物，利且贪也。

[7]【河上公注】守真根也。

[8]【河上公注】无欲心也。

【指归】

人之生也，悬命于君；君之立也，悬命于民。君得道也，则万民昌；君失道也，则万民丧。万民昌则宗庙显，万民丧则宗庙倾。故君者，民之源也；民者，君之根也。根伤，则华实不生；源衰，则流沫不盈；上下相保，故能长久。是以世主得道，宇内不扰，诸侯宾服，百蛮雍喜，四海同风，兵革不起；徼捍之人无所效其言，果壮之士无所施其功；聪明辩智随泽而耕，骐骥驸骝婴舆而作；天下宴闲，各乐其业；世惇俗厚，民人专一，总织而衣，总耕而食；天心和洽，万物丰熟，嘉祥屡臻，吉符并集；非天降福，世主道德也。天子失道，诸侯不朝，谿异谷别，法制殊殊，四方背叛；力正相凌，举兵争权，弱者为虏，强者为君。是以天下选将简士，砥砺甲兵；悬烽烈火，四面相望；深奸大诈，谋于庙堂；作变生奇，结纵连横；轻车枭骑，兴敌相当；士马生郊，历年不还；化高诈力，政当首功。当此之时，饰养戎马，不遑亲戚，奔郊先至，常食菽粟；贪夫坐而为宰，庸仆之徒畜而为贼；百姓罢极，财殚力倦，长徭兵役，久而不息。时念归家，凄怆慷慨，想亲罢老，泣涕于外；慈父惠母，忧愁伤心，肝胆气志，摧折于内。士卒双头结踵，骸骨暴露，流离于中野者，不可胜计；道路憧憧，皆为孤子，思慕号令，踊泣而起。何罪苍天，遭离此咎！牝者无夫，幼稚无父，怨恨悲痛，不期而聚，大者为率，中者为宰；上下相护，中外相保，非有血脉，亲如兄弟；总苗为旌，穿地为鼓，操兵便械，趋行案伍；常习战斗，意议其主，至精相感，气化相动。是以天地钤结，阴阳隔闭，星辰散乱，日月斗蚀，诈逆萌生，灾变并发，非天降祸，世主无道。

夫遭天之鸿命，继先圣之后，贵为天子，富有四海，爵尊宠极，莫与比列；布衣粗裘而天下以为好，蔬食藜羹而天下谓之美；变世化俗犹风之靡草，民之从化犹鱼之赴水。不务崇道广德，修身正己，忧劳元元，以承祭祀，光显祖考，业传子孙，德与神明争流，名与天地相保，反以骄奢取名，求势不止，逆天迕地，无不凌侮。是以不誉之士相矫而起，轻举深入，先到为右，敌人远至，莫与之交，党离朋绝，中外不恃，身死国亡，宗庙崩弛。可欲之故，非天下之罪也。是故威势尊宠穷极民上，名号显荣覆盖天下，而不知足者，猎祸之具而危亡之大数也。

夫道德神明，陶冶变化，已得为人，保合精神，而有大形。动作便利，耳目聪明，游于昭旷之域，听视天地之间，上观自然之法式，下察古将之得失，凿井而饮，耕田而食，长妻生子，与民相极，是足之足者也。何况乎万乘之主、千乘之君哉？其可足亦明矣！故不在于道也，利心常起，贪人壤土，欲人财宝，兼并不休，增加不已者，追患之大数而得咎之至要也。

自今及古，飞鸟走兽、含气有类之属，未有不欲得而全其性命者也。故居君者为虏，居虎者为鼠；名在青云之上，身处黄泉之下；居牛马之位者，无牛马之患；托犬羊之列者，无犬羊之咎。是以得道之主，建心于足，游志于止；辞威让势，孤特独处；捐弃万物，唯神是秉，身存名荣，久而不殆；天下归之，无有不制。

四十七章

不出户，知天下；^[1]不窥牖，见天道。^[2]其出弥远，其知弥少。^[3]是以圣人不行而知，^[4]不见而名，^[5]不为而成。^[6]

[1]【河上公注】圣人不出户以知天下者，以己身知人身，以己家知人家，所以见天下也。

[2]【河上公注】天道与人道同，天人相通，精气相贯。人君清净，天气自正；人君多欲，天气烦浊。吉凶利害，皆由于己。

【王弼注】事有宗而物有主，途虽殊而同归也，虑虽百而其致一也。道有大常，理有大致，执古之道，可以御今，虽处于今，可以知古始，故不出户，窥牖而可知也。

[3]【河上公注】谓去其家观人家，去其身观人身，所观益远，所见益少也。

【王弼注】无在于一，而求之于众也。道视之不可见，听之不可闻，搏之不可得。如其知之，不须出户，若其不知，出愈远愈迷也。

[4]【河上公注】圣人不上天，不入渊，能知天地，以心知之。

[5]【河上公注】上好道，下好德；上好武，下好力。圣人原小知大，察内知外。

【王弼注】得物之致，故虽不行而虑可知也。识物之宗，故虽不见，而是非之理可得而名也。

[6]【河上公注】上无所为，则下无事，家给人足，万物自化就也。

【王弼注】明物之性，因之而已，故虽不为而使之成矣。

【指归】

道德变化，陶冶元首，禀授性命乎太虚之域，玄冥之中，而万物混沌始焉。神明交，清浊分，太和行乎荡荡之野，纤妙之中，而万物生焉。天圆地方，人纵兽横，草木种根，鱼沉鸟翔，物以类别，类以群分，尊卑定矣，而吉凶生焉。由此观之，天地人物，皆同元始，共一宗祖；六合之内、宇宙之表，连属一体；气化分离，纵横上下，剖而为二，判而为五；或为白黑，或为水火，或为酸咸，或为徵羽；人物同类，或为牝牡。凡此数者，亲为兄弟，殊形别向，利害相背，万物不同，不可胜道；合于喜怒，反于死生，情性同生，心意同理。

何以言之？庄子曰：一人之身，俱生父母，四肢九窍，其职不同，五脏六腑，各有所受。上下不相知，中外不相睹；头足为天地，肘膝为四海，肝胆为胡越，眉目为齐楚；若不同生，异躯殊体，动不相因，静不相待，九天之上，黄泉之下，未足以喻之。然而头有疾则足不能行，胸中有病则口不能言，心得所安则耳目聪明、屈伸调利、百节轻便者，以同形也。人主动于迩，则人物应于远；人物动于此，则天地应于彼。彼我相应，出入无门，往来无户。天地之间、虚廓之中辽远广大，物类相应不失毫厘者，同体故也。

是以圣人不出于户，上原父母，下揆子孙，危宁利害，反于死生之说，察于是非之理，通于利害之元，达于治乱之本。以己知家，以家知彼，事得其纲，物得其纪；动知所知，静知所守，道德为父，神明为母，清静为师，太和为友，天下为家，万物为体；视彼如己，视己如彼，心不敢生，志不敢举；捐弃知故，绝灭三五，因而不作，岩居穴处；不杀群类，不食生草，未成不服，未终不采，天地人物，各保其有。

夫原我未兆之时，性命所以，精神所由，血气所始，身体所基，以知实生于虚，有生于无，小无不入，大无不包也。本我之生，在于道德，孕而未育，所以成形。至于出冥，以知深微纤妙和弱润滑之大通也，无知无识无为无事之有大功也。视我之为婴儿，至于壮大有知，以睹柔之生刚、弱之生强、小之生大、短之生长、愚之生智、晦之生明也。察我呼吸屈伸，以知损为益首、益为损元、进为退本、退为进根、福为祸始、祸为福先也。上陵仰阪，历阻过险，形疲喘悸，劳而静处，则神平气和，中外相保，以知清静虚无、无为变化之大功也。四肢九窍，趋务纷驰，异能殊形，皆元一心，以知百方万物之害之变皆生于主。稽之天地，验之古今，动不相违，以知天地之道毕于我也。故家者，知人之本根也；身者，知天之渊泉也。观天不由身，观人不由家，小近大远，小知大迷。去家出户，不见天下；去身窥牖，不知天道；其出逾远，其知益少；周流四海，其迷益甚；求之益大，功名益小。不视不听，求知于己，天人之际，大道毕矣。

故圣人不见一家之好恶而命万家之事，无有千里之行而命九州之变；足不上天而知九天之心，身不入地而知九地之意；阴阳进退，四时变化，深微隐匿，窅冥之事，无所遁之。何则？审内以知外，原小以知大，因我以然彼，明近以喻远也！故圣人之为君也，犹心之于我，我之于身也。不知以因道，不欲以应天，无为以道世，无事以养民；玄玄默默，使化自得，上与神明同意，下与万物同心；动与之反，静与之存，空虚寂泊，使物自然。

四十八章

为学日益，[1]为道日损。[2]损之又损，[3]以至于无为，[4]无为而无不为。[5]取天下常以无事，[6]及其有事，[7]不足以取天下。[8]

[1]【河上公注】学谓政教礼乐之学也。日益者，情欲文饰，日以益多。

【王弼注】务欲进其所能，益其所习。

[2]【河上公注】道谓自然之道也。日损者，情欲文饰，日以消损。

【王弼注】务欲反虚无也。

[3]【河上公注】损情欲，又损之，所以渐去。

[4]【河上公注】当恬惔如婴儿，无所造为。

[5]【河上公注】情欲断绝，德与道合，则无所不施，无所不为也。

【王弼注】有为则有所失，故无为乃无所不为也。

[6]【河上公注】取，治也。治天下常当以无事，不当烦劳也。

【王弼注】动常因也。

[7]【王弼注】自己造也。

[8]【河上公注】及其好有事，则政教烦，民不安，故不足以治天下也。

【王弼注】失统本也。

【指归】

道德之化，变动虚玄，荡荡默默，泛泛无形，潢漭慌忽，浑沌无端；视之不见，听之不闻，开导禀授，无所不存，功成遂事，无所不然，无为之为，万物之根。由此观之，不知之知，知之祖也；不教之教，教之宗也；无为之为，为之始也；无事之事，事之元也。凡此数者，神明所因，天地所归，玄圣所道，处士所传也。

逮至仁义浅薄，性命不真，不睹大道，动顺其心，陷溺知故，渐渍爱恩；情意多欲，神与物连；深谋逆耳，大论迕心；非道崇知，上功贵名。是以作术治数，集辞著文，载之篇籍，以教万民。纲纪天地，经纬阴阳；剖判人事，离散祖宗，淳朴变化，设伪万方；转移风俗，倾正败常，改正易服，万事尽彰；钟鼓琴瑟，间以竽笙，升降进退，饰象趋翔；礼仪三百，威仪三千，分衈并争，兴事舞文；以辩相诎，以巧相胜，毫举毛起，益以无穷。是以天下背本去根，向末归文，博学深问，家知户贤。甚者拟圣，以立君臣，同意者，无能为官；异心者，功大而亡。是以天下骚骚，不遑其亲；追习纤纤，务顺其君。故和五味以养其口，肥香甘脆，不顾群生；变五色以养其目，玄黄纤妙，不计民贫；调五音以养其耳，极钟律之巧，不忧世淫；高台榭，广宫室，以养其意，不惧民穷；驰骋田猎以养其志，多获其上，不顺天心。凡此数者，非以为善务也，以悦其君也。天下相放，养伪饰奸；消灭和睦，长暴之原；浸以为俗，巧利为贤；损民大命，以增民劳；伤人美性，以益民烦。当此之时，谿谷异君，四海各王，尊名贵势，强大为右；忿争相踰，力正任武，强者拘弱，众者制寡，以乱代治，以非图是，臣弑其君，子弑其父；争之愈大，莫之能守，求者甚众，得之者寡；道路悲忧，尽言军旅，讻讻謷謷，至相烹煮。夫何故哉？饰文益事，务以相序也。

是以圣人释仁去义，归于大道，绝智废教，求之于己；所言日微，所为日寡，消而灭之，日夜不止。包以大冥，使民无耻，灭文丧事，天下自已；损之损之，使知不起；遁名亡身，保我精神；秉道德之要，因存亡之机；不为事主，不为知师；寂若无人，至于无为。

天地自作，群美相随，万物自象，百蛮自和；万民蚩疑，不知所之，随日月出入，托于四时；优游精神，不外心志，意中空虚，如木之浮，如壤之休；不识仁义，不达礼仪，心不知欲，志不知为；行步踬踬，瞻视颠颠，语言默默，意气玄玄，外似禽兽，中独异焉；寂而不为，若无君臣，不为而治，敦厚忠悫，至于大安；神休精息，性命自全，万物相袭，与道德邻。夫何故哉?主无教令而民无闻也。是以将取天下，常于无事，不言为术，无为为教，无欲为宝，不知为要。能行以道，无不开导。

释虚反实，以极为事；上知天高，下知地厚；明阴阳之分，知万物之数；昼见星于天，夜见鱼于川；耳比八风之调，目领群兽之毛，此思虑之极也，无益于存。力什乌获，势百孟贲，勇千夏育，威执三军；进若光景，退若浮云，击如雷霆，不动若阴，此强之极，无益于胜。使日下之民皆执《礼》、《易》，通《诗》、《书》，明律比，知诏令；家一吏，里一令，乡一仓，亭一库；明察折中，强武求盗，天下重足而立，侧目而视，父子不相隐，兄弟不相容，此事之极，无益于治。是故以知知，与天相离；以为为，与天相奇；以事事，失天之意。为国日益，百残尽备，为而不成，求而不得，天下相驱，归之于乱。

四十九章

圣人无常心，^[1]以百姓心为心。^[2]善者，吾善之，^[3]不善者，吾亦善之，^[4]德善。^[5]信者，吾信之，^[6]不信者，吾亦信之，^[7]德信。^[8]圣人在天下，歙歙^[9]为天下浑其心，^[10]圣人皆孩之。^[11]

[1]【河上公注】圣人重改更，贵因循，若自无心。

[2]【河上公注】百姓心之所便，因而从之。

【王弼注】动常因也。

[3]【河上公注】百姓为善，圣人因而善之。

[4]【河上公注】百姓虽有不善者，圣人化之使善也。

【王弼注】各因其用，则善不失也。

[5]【河上公注】百姓德化，圣人为善。

【王弼注】无弃人也。

[6]【河上公注】百姓为信，圣人因而信之。

[7]【河上公注】百姓为不信，圣人化之使信也。

[8]【河上公注】百姓德化，圣人为信。

[9]【河上公注】圣人在天下怵怵常恐怖，富贵不敢骄奢。

[10]【河上公注】言圣人为天下百姓浑浊其心，若愚暗不通也。

【王弼注】各用聪明。

[11]【河上公注】圣人爱念百姓如孩婴赤子，长养之而不责望其报。

【王弼注】皆使和而无欲，如婴儿也。夫天地设位，圣人成能，人谋鬼谋, 百姓与能者, 能者与之, 资者取之, 能大则大, 资贵则贵。物有其宗, 事有其主, 如此则可冕旒充目而不惧于欺, 黈纩塞耳而无戚于慢, 又何为劳一身之聪明, 以察百姓之情哉! 夫以明察物, 物亦竞以其明应之; 以不信察物, 物亦竞以其不信应之。夫天下之心不必同, 其所应不敢异, 则莫肯用其情矣。甚矣! 害之大也, 莫大于用其明矣。夫在智则人与之讼, 在力则人与之争。智不出于人而立乎讼地, 则穷矣; 力不出于人而立乎争地, 则危矣。未有能使人无用其智力乎己者也, 如此则己以一敌人, 而人以千万敌己也。若乃多其法网, 烦其刑罚, 塞其径路, 攻其幽宅, 则万物失其自然, 百姓丧其手足, 鸟乱于上, 鱼乱于下。是以圣人之于天下, 歙歙焉心无所主也, 为天下浑心焉, 意无所适莫也。无所察焉, 百姓何避? 无所求焉, 百姓何应? 无避无应, 则莫不用其情矣。人无为舍其所能而为其所不能, 舍其所长而为其短, 如此则言者言其所知, 行者行其所能, 百姓各皆注其耳目焉, 吾皆孩之而已。

【指归】

道德无形而王万天者, 无心之心存也; 天地无为而万物顺之者, 无虑之虑运也。由此观之, 无心之心, 心之主也; 不用之用, 用之母也。

何以明之? 庄子曰: 我之所以为我者, 岂我也哉? 我犹为身者非身。身之所以为身者, 以我存也; 而我之所以为我者, 以有神也; 神之所以留我者, 道使然也。托道之术, 留神之方, 清静为本, 虚无为常, 非心意之所能致, 非思虑之所能然也。故知者之居也, 耳目视听, 心意思虑, 饮食时节, 穷通志欲, 聪明并作, 不释昼夜, 经历百方, 筹策万事, 定安危之始, 明去就之路, 将以全身体而延大命也。若然, 则精神为之损, 血气为之败, 魂魄离散, 大命伤夭。及其寐也, 心意不用, 聪明闲塞, 不思不虑, 不饮不食, 精神和顺, 血气生息, 心得所安, 身无百疾, 遭离凶害, 大疮以瘳, 断骨以续, 百节九窍, 皆得所欲。

夫以一人之身, 去心则危者复宁, 用心则安者将亡, 而况乎奉道德，顺神明，承天心，养群生者哉！是以圣人建无身之身，怀无心之心，有无有之有，托无存之存，上含道德之化，下包万民之心；无恶无好，无爱无憎；不与凶人为雠，不与吉人为亲，不与诚人为媾，不与诈人为怨；载之如地，覆之如天，明之如日，化之为神，物无大小，视之如身；为之未有，治之未然，绝祸之首，起福之元；去我情欲，取民所安，去我智虑，归之自然；动之以和，导之以冲，上含道德之意，下得神明之心；光动天地，德连万民，民无赋役，主无职员；俱得其性，皆有其神，视无所见，听无所闻；遗精忘志，以主为心，与之俯仰，与之浮沉；随之卧起，放之屈身，不言而天下应，不为而万物存；四海之内无有号令，皆变其心，善者至于大善，日深以明；恶者性变，浸以平和；信者大信，至于无私；伪者情变，日以至诚；残贼反善，邪伪返真；善恶信否，皆归自然。

当此之时，涸沉太虚，霈溺至和，民忘心意，芒洋浮游，失其所恶，而获其所求，与天进退，与道周流，非迫禁而去恶，非拘教而后移也，无为为之，而变化不自知也。夫何故哉？世主之化，虚无寂寞，容如枯槁，心如橐籥，志如江海，施如黢谷；不别东西，不异南北，不辨甘苦，不嫌白黑，不正方圆，不定曲直；详于玄妙，务自隐匿，与物无治，浮游无极；废我之所欲为，裹天之所欲得，万物纷纷，皆注其耳目。世主无为，涣如伈容，天地为炉，太和为橐，神明为风，万物为铁，德为大匠，道为工作，天下青青，靡不润泽。故能陶冶民心，变化时俗，上无不包，下无不克，成遂万物，无不斟酌；感动群生，振骇八极，天下芒芒，不识美恶，玄效昧象，自成法式。

五十章

出生入死。[1]生之徒，十有三；死之徒，十有三。[2]人之生，动之死地，亦十有三。[3]夫何故？[4]以其生生之厚。[5]盖闻善摄生者，[6]陆行不遇兕虎，[7]入军不被甲兵，[8]兕无所投其角，虎无所措其爪，兵无所容其刃。[9]夫何故？[10]以其无死地。[11]

[1]【河上公注】出生谓情欲出五内，魂定魄静，故生也。入死谓情欲入于胸臆，精神劳惑，故死。

【王弼注】出生地，入死地。

[2]【河上公注】言生死之类各有十三，谓九窍四关也。其生也，目不妄视，耳不妄听，鼻不妄香嗅，口不妄言味，手不妄持，足不妄行，精神不妄施，其死也反是也。

[3]【河上公注】人之求生动作，反之十三死也。

[4]【河上公注】问何故动之死地也？

[5]【河上公注】所以动之死地者，以其求生活之事太厚，违道忤天，妄行失纪。

[6]【河上公注】摄，养也。

[7]【河上公注】自然远避，害不干也。

[8]【河上公注】不好战以杀人。

[9]【河上公注】养生之人，虎兕无由伤，兵刃无从加之也。

[10]【河上公注】问虎兕兵甲何故不害之？

[11]【河上公注】以其不犯十三之死地。言神明营护之，此物不敢

老　子

害。

【王弼注】十有三，犹云十分有三分。取其生道，全生之极，十分有三耳。取死之道，全死之极，亦十分有三耳。而民生生之厚，更之无生之地焉。善摄生者无以生为生，故无死地也。器之害者，莫甚乎兵戈，兽之害者，莫甚乎兕虎，而令兵戈无所容其锋刃，虎兕无所措其爪角，斯诚不以欲累其身者也，何死地之有乎？夫蚖蟺以渊为浅，而凿穴其中，鹰鹯以山为卑，而增巢其上，矰缴不能及，网罟不能到，可谓处于无死地矣。然而卒以甘饵，乃入于无生之地，岂非生生之厚乎？故物苟不以求离其本，不以欲渝其真，虽入军而不害，陆行而不可犯也，赤子之可则而贵，信矣！

【指归】

道德神明，清浊太和，浑同沦而为体，万物以形。形之所托，英英荣荣，不睹其字，号之曰生。生之为物，不阴不阳；不可揆度，不可测量；深微不足以为称，玄妙不足以为名；光耀恍惚，无有形声；无状无象，动静无方；游于虚寂之野，处于无有之乡；得之者存，失之者亡。

夫生之于形也，神为之蒂，精为之根，营爽为宫室，九窍为户门，聪明为侯使，情意为乘舆，魂魄为左右，血气为卒徒；进与道推移，退与德卷舒。翱翔柔弱，栖息虚无，屈伸俯仰，与时和俱。轻死与之反，欲生与之仇，无以为利则不可去，有以为用则不可留。故无为，生之宅；有为，死之家也。

夫立则遗其身，坐则忘其心，澹如赤子，泊如无形；不视不听，不为不言，变化消息，动静无常；与道俯仰，与德浮沉，与神合体，与和屈伸；不贱为物，不贵为人，与王侯异利，与万姓殊患；死生为一，故不别存亡，此治身之无为也。春生夏长，秋收冬藏；奉主之法，顺天之命；内慈父母，外绝名利；不思不虑，不与不求；独往独来，体和袭顺；辞让与人，不与时争，此治家之无为也。尊天敬地，不敢忘先；修身正法，去己任人；审实定名，顺物和神，参伍左右，前后相连；随时循理，曲因其当。万物并作，归之自然。此治国之无为也。冠无有，被无形，抱空虚，履太清；载道德，浮神明，秉太和，驱天地；驰阴阳，骋五行，从群物，涉玄冥；游乎无功，归乎无名，此治天下之无为也。

贪生利寿，唯恐不得；强藏心意，闭塞耳目；导引翔步，动摇百节；吐故纳新，吹煦呼吸；被服五星，饮食日月；形神并作，未尝休息，此治身之有为也。废释天时，独任人事；贱强求贵，贫强求富；饥名渴势，心常载求；衣食奢泰，事过其务，此治家之有为也。富国兼壤，轻战乐兵；底威起节，名显势隆；形严罚峻，陷直刻深；法察网周，操毒少恩；诸侯畏忌，常为俊雄；公强求伯，伯强求王，此治国之有为也。祖孝悌，宗仁义，修礼节，教民知饰；修治色味，以顺民心；钟鼓琴瑟，以和民志；主言臣听，主动臣随；表功厉行，开以恩厚；号令声华，使民亲附；诸事任己，百方朝仰，此治天下之有为也。

是故虚、无、清、静、微、寡、柔、弱、卑、损、时、和、啬，凡此十三，生之徒；实、有、浊、扰、显、众、刚、强、高、满、过、泰、费，此十三者，死之徒也。夫何故哉？圣人之道，动有所因，静有所应。四肢九窍，凡此十三，死生之外具也；虚实之事，刚柔之变，死生之内数也，故以十三言诸。

夫虚生充实，无生常存，清则聪达，静则内明，微生彰显，寡则生众，柔生刚健，弱生坚强，卑则生高，损则生益，时则通达，和则得中，啬则有余，是谓益生。能行此道，与天地同，为身者久，为国者长，虽欲不然，造化不听。实生空虚，有生消亡，浊则听塞，扰则失明，显则生微，众则生寡，刚生柔孳，强生弱殃，高生卑贱，满生损空，过则闭塞，泰则困穷，费则招祸，是俱不祥。有行此道，动而之穷，为身不久，为国不平，虽欲不然，天地不从。而民皆有其生而益之不止，皆有其身而爱之不已，动归有为，智虑常起。故去虚就实，绝无依有，出清入浊，背静治扰，变微为显，化寡为众，离柔反刚，废弱兴强，损卑归高，弃损取盈，纵时造过，释和作泰，将以有为，除啬施废。夫何故哉？大有其身而忘生之道也。

是故摄生之士，超然大度，卓尔远逝；不拘于俗，不系于世；损形于无境，浮神于无内；不以生为利，不以死为害；兼施无穷，物无细大，视之如身，无所憎爱；精神隆盛，福德并会，道为中主，光见于外；自然之变感而应之，天地人物莫之能败；陆行则兕虎不能伤，入军则五兵不能害。非加之而不能克、投之而不能制也，神气相通，伤害之心素自为废。夫何故哉？声响相应，物从其类，兕虎不加无形，而五兵不击无质；摄生之士，贼害之心亡于中，而死伤之形亦亡于外也。

五十一章

　　道生之，[1]德畜之，[2]物形之，[3]势成之，[4]是以万物莫不尊道而贵德。[5]道之尊，德之贵，夫莫之命而常自然。[6]故道生之，德畜之，长之育之，亭之毒之，养之覆之。[7]生而不有，[8]为而不恃，[9]长而不宰，[10]是谓玄德。[11]

　　[1]【河上公注】道生万物。

　　[2]【河上公注】德，一也。一主布气而畜养。

　　[3]【河上公注】一为万物设形象也。

　　[4]【河上公注】一为万物作寒暑之势，以成之。

　　【王弼注】物生而后畜，畜而后形，形而后成。何由而生？道也。何得而畜？德也。何由而形？物也。何使而成，势也。唯因也，故能无物而不形；唯势也，故能无物而不成。凡物之所以生，功之所以成，皆有所由；有所由焉，则莫不由乎道也。故推而极之，亦至道也。随其所因，故各有称焉。

　　[5]【河上公注】道德所为，无不尽惊动而尊敬。

　　【王弼注】道者，物之所由也。德者，物之所得也。由之乃得，故曰不得不失，尊之则害，不得不贵也。

　　[6]【河上公注】道一不命召万物，而常自然应之，如影响。

　　【王弼注】命并作爵。

　　[7]【河上公注】道之于万物，非但生之而已，乃复长养成孰覆育，全于性命。人君治国治身，亦当如是也。

　　【王弼注】谓成其实，各得其庇荫，不伤其体矣。

[8]【河上公注】道生万物，不有所取以为利也。

[9]【河上公注】道所施为，不恃望其报也。

【王弼注】为而不有。

[10]【河上公注】道长养万物，不宰割以为利也。

[11]【河上公注】道之所行恩德，玄暗不可得见。

【王弼注】有德而不知其主也，出乎幽冥，是以谓之玄德也。

【指归】

　　圣智之术，不自天下，不由地出，内在于身，外在于物。督以自然，无所不通；因循效象，无所不竭。故道虚德无，不失其心；天尊地卑，不违其节。何则？以有知无，由人识物。物类之无者生有，虚者生实；见微知著，观始睹卒。非有巧能，自然之物，圣人因之，与天周密。是故知道以太虚之虚无所不禀，知德以至无之无无所不授，道以无为之为品于万方而无首，德以无设之设遂万物之形而无事，故能陶性命，冶情意，造志欲，化万事。

　　何谓性、命、情、意、志、欲？所禀于道而成形体，万方殊类，人物男女，圣智勇怯，小大修短，仁廉贪酷，强弱轻重，声色状貌，精粗高下，谓之性。所授于德，富贵贫贱，夭寿苦乐，有宜不宜，谓之天命；遭遇君父，天地之动，逆顺昌衰，存亡及我，谓之遭命；万物陈列，吾将有事，举错废置，取舍去就，吉凶来，祸福至，谓之随命。因性而动，接物感寤，爱恶好憎，惊恐喜怒，悲乐忧恚，进退取与，谓之情。因命而动，生思虑，定计谋，决安危，通万事，明是非，别同异，谓之意。因于情意，动而之外，与物相连，常有所悦，招魔福祸，功名所遂，谓之志。顺性命，适情意，牵于殊类，系于万事，结而难解，谓之欲。

　　凡此六者，皆原道德，千变万化，无有穷极，唯闻道德者能顺其则。性精命高，可变可易；性粗命下，可损可益；若得根本，不滞有无。是故天地人物，含心包核，有类之属，得道以生而道不有其德，得一而成而一不求其福，万物尊而贵之、亲而忧之而无报其德。夫何故哉？道高德大，深不可言；物不能富，爵不能尊；无为为物，无以物为，非有所迫，而性常自然。

故道之为物，窥之无户，察之无门，播之无体，象之无容，意不能尽而言不能通。万物以生，不为之损；物皆归之，不为之盈；上下不穷，广大无涯；消息赢诎，不可度訾；游于秋毫，不以为少；包裹万天，不以为多；青紫光耀，不为易志；幽冥枯槁，不为变化；运行并施，无所爱好；禀授性命，无所不为；德流万物而不可复，恩结泽缔而不可归；瞻足天下而不费，成功遂事而不衰。其于万物也，岂直生之而已哉！生之形之，设而成之，品而流之，停而就之，终而始之，先而后之。既托其后，又在其前；神明以处，太和以存；清以上积，浊以下凝。天以之圆，地以之方；阴得以阴，阳得以阳；日月以照，星辰以行；四时以变化，五行以相胜；火以之热，水以之寒；草木以柔，金石以刚；味以甘苦，色以玄黄；音以高下，变以纵横；山陵以滞，风雨以行；鳞者以游，羽者以翔；兽以之走，人以聪明；殊类异族皆以之存，变化相背皆以之亡；万天殊状，水土异形，习俗相违，利害不同，容貌诡谬，意欲不通，阴阳所不能及，日月所不能明，皆以之始，皆以之终；开口张目，屈伸倾侧，俯仰之顷，喘息之间，神所经历，心意所存，恩爱所加，雌雄所化，无所不导，无所不为。生之而不以为赀，为之而不以有求，长之而无以为有。天下迷惑，莫之能知。

或曰：道德，天地之神明也；天地，道德之形容也。何以明之？道德包万天也。庄子曰：夫天地有类而道德无形。有类之徒莫不有数，无形之物无有穷极。以有数之物托于无穷，若草木离土、众星离天，不足以喻焉。而谓之不然，则是不通乎有无相包、虚实相含，犹瓜瓠之瓣不睹区蔓之有邻也，虮虱藏于裈褐，不知都邑之多人也。是故宇宙之外、营域之内，拘以无禁，束以无制；安危消息，无有中外，同风共指，和顺仰制。全活姣好，靡有伤败，百祥万福，道为之盖。功玄事冥，不闻于世，天下莫见，为而不废。

五十二章

天下有始，[1]以为天下母。[2]既得其母，以知其子；[3]既知其子，复守其母，[4]没身不殆。[5]塞其兑，[6]闭其门，[7]终身不勤。[8]开其兑，[9]济其事，[10]终身不救。[11]见小曰明，[12]守柔曰强。[13]用其光，[14]复归其明，[15]无遗身殃，[16]是为习常。[17]

[1]【河上公注】始有道也。

[2]【河上公注】道为天下万物之母。

【王弼注】善始之则善养畜之矣，故天下有始，则可以为天下母矣。

[3]【河上公注】子，一也。既知道已，当复知一也。

[4]【河上公注】已知一，当复守道，反无为也。

[5]【河上公注】不危殆也。

【王弼注】母，本也，子，末也。得本以知末，不舍本以逐末也。

[6]【河上公注】兑，目也。目不妄视也。

[7]【河上公注】门，口也。使口不妄言。

【王弼注】兑，事欲之所由生；门，事欲之所由从也。

[8]【河上公注】人当塞目不妄视，闭口不妄言，则终身不勤苦。

【王弼注】无事永逸，故终身不勤也。

[9]【河上公注】开目视情欲也。

[10]【河上公注】济，益也。益情欲之事。

[11]【河上公注】祸乱成也。

【王弼注】不闭其原而济其事, 故虽终身不救。

[12]【河上公注】萌牙未动, 祸乱未见为小, 昭然独见为明。

[13]【河上公注】守柔弱, 日以强大也。

【王弼注】为治之功不在大, 见大不明, 见小乃明。守强不强, 守柔乃强也。

[14]【河上公注】用其目光于外, 视时世之利害。

【王弼注】显道以去民迷。

[15]【河上公注】复当反其光明于内, 无使精神泄也。

【王弼注】不明察也。

[16]【河上公注】内视存神, 不为漏失。

[17]【河上公注】人能行此, 是谓习修常道。

【王弼注】道之常也。

【指归】

夫道之为物, 无形无状, 无心无意, 不忘不念, 无知无识, 无首无向, 无为无事, 虚无澹泊, 恍惚清静。其为化也, 变于不变, 动于不动, 反以生覆, 覆以生反, 有以生无, 无以生有, 反覆相因, 自然是守。无为为之, 万物兴矣; 无事事之, 万物遂矣。是故无为者, 道之身体而天地之始也。

无为微妙, 周以密矣; 滑淖安静, 无不制矣; 生息聪明, 巧利察矣; 通达万方, 无不溉矣。故曰: 有为之元, 万事之母也。圣人得之, 与物反矣, 故能达道之心, 通天之理, 生为之元, 开事之户, 因万方之知, 穷众口之辩, 尽异端之巧, 竭百家之伎。王道人事, 与时化转, 因之修之, 终而复始, 变化忽然, 通神使鬼, 形于无形, 事无不理, 穷于无穷, 极乎无有, 人能雕琢, 复反其母。既覆又反, 为天下本, 游于玄冥, 终身不殆。故能塞其聪明, 闭其天门, 关之以舌, 键之以心, 非时不动, 非和不然, 国家长久, 终身无患。夫何故哉? 不听之闻, 与天同聪, 不视之见, 与天同明; 不言之化, 与天同德; 不为之事, 与天同功。所守者要,所然者详，道德之明不蔽，而天地之虑达通。故能响应影随，照物不穷，为福元始，为化祖宗，周流蔓延，沦于大中，身存物顺，天下不勤。

故力视损明，力听损聪，疾言沮德，巧伪败功。是故口以大开，耳目急张，知故并起，万物孳蕃。奋心扬虑，显遂功名，名成功遂，祸至福终，动罹天网，静陷地殃，神明不能佑，造化不能生，庶人没命，国家以丧。是以圣人退为之为，去事之事，体道之心，履德之意，统无穷之极，秉自然之要，翔于未元，集于玄妙；聪作未闻，明作未见，萌芽未动，朕圻未判，昭然独睹无形之变；通于无表，达于无境，毫毛之恶不得生，赫赫之患不得至；为之行之，绝言灭虑，积柔体弱，反于无识；诛暴救寡，与神同化，无敌之不胜，无事之不为。知力不得加，天下不能谋，治人理物与阴阳配；内用其光而外不违衣食，耕获桑织有余，福积祸消；人给家赠，心不载求，贱不望贵，贫不幸富；纤微尊俭，内外不过，奉上养下，人道尽备；复归其内，神明不耗，盘积固畜，不敢以为；智如江海，与天同虑，绝灭三五，害之以事，填而塞之，使不可识。为瘴为聋，与天地同；为玄为默，与道穷极；去凶离咎，违患废贼；浮德载和，无所不克。

故人能入道，道亦入人，我道相入，沦而为一。守静至虚，我为道室；与物俱然，浑沌周密；反初归始，道为我袭。

五十三章

使我介然有知，行于大道，[1]唯施是畏。[2]大道甚夷，[3]而民好径。[4]朝甚除，[5]田甚芜，[6]仓甚虚。[7]服文彩，[8]带利剑，[9]厌饮食，财货有余，[10]是谓盗夸，[11]非道也哉！[12]

[1]【河上公注】介，大也。老子疾时王不行大道，故设此言：使我介然有知于政事，我则行于大道，躬无为之化。

[2]【河上公注】唯，独也。独畏有所施为，失道意。欲赏善恐伪善生，欲信忠恐诈忠起。

【王弼注】言若使我可介然有知，行大道于天下，唯施为之是畏也。

[3]【河上公注】夷，平易也。

[4]【河上公注】径，邪不平正也。大道世平易，而民好从邪径也。

【王弼注】言大道荡然正平，而民犹尚舍之而不由，好从邪径，况复施为以塞大道之中乎？故曰大道甚夷，而民好径。

[5]【河上公注】高台榭，宫室修。

【王弼注】朝，宫室也。除，洁好也。

[6]【河上公注】农事废，不耕治。

[7]【河上公注】五谷伤害，国无储也。

【王弼注】朝甚除，则田甚芜，仓甚虚，设一而众害生也。

[8]【河上公注】好饰伪，贵外华。

[9]【河上公注】尚刚强，武且奢。

[10]【河上公注】多嗜欲, 无足时。

[11]【河上公注】百姓不足而君有余者, 是由劫盗以为服饰, 持行夸人, 不知身死家破, 亲戚并随也。

[12]【河上公注】人君所行如是, 此非道也。复言也哉者, 痛伤之辞。

【王弼注】凡物不以其道得之, 则皆邪也, 邪则盗也。夸而不以其道得之, 窃位也, 故举非道以明非道, 则皆盗夸也。

【指归】

道德不为智巧, 故能陶冶天地, 造化阴阳, 而天地不能欺也。天地不为知巧, 故能含吐变化, 杀生群类, 而万物不能逃也。道释自然而为知巧, 则心不能自存, 而何天地之所能造、阴阳之所能然也? 天地释自然而为知巧, 则身不能自生, 而何变化之所包、何万物之所能全? 故虚无无为无知无欲者, 道德之心而天地之意也; 清静效象无为因应者, 道德之动而天地之化也。

何以明之? 庄子曰: 道之所生, 天之所兴, 始始于不始, 生生于不生, 存存于不存, 亡亡于不亡。凡此数者, 自然之验, 变化之常也。故人之动作不顺于道者, 道不佑也; 不顺于德者, 德不助也; 不顺于天者, 天不覆也; 不顺于地者, 地不载也。夫道德之所不佑助, 天地之所不覆载, 此患祸之所不远, 而福德之所不近也。

是以玄圣处士, 负达抱通, 提聪挈明, 顺道奉德, 弃知亡身, 厉志忧畏, 唯恐蹉跌。故勉于巧不巧之巧, 务于明不明之明; 信顺柔弱, 躬耕而食; 常于止足, 归乎无名; 战战栗栗, 恐失自然, 患至天地, 祸及人民。是以吉祥之应, 福德之至, 如影之与形、响之应声, 非有期会, 动若俱生。是故大道甚夷, 其化无形; 若远而近, 若晦而明; 平夷而无秽, 要约而易行; 无为而功成, 无事而福盈; 天地由之, 万物以生。而民背之, 用其聪明, 任伪废道, 反地逆天, 尊知贵巧; 欺鬼侮神, 饰治邪淫, 归伪去真; 创作改制, 起事遂功, 丰屋荣观, 大户高门, 饰以奇怪,加以采文；以知为准，以巧为绳，诈为之斧，伪为之斤；秉术操数，简织贱耕，田秽不修，莨莠并生，田苗不起，囷仓虚空；衣重五采，锦绣玄黄，冰纨绮縠，靡丽光辉；利剑坚甲，强弩劲弓，轻车骏马，多侠凶人；权重名显，威势流行，伐杀乡里，臣役细民；妬廉嫉让，疾忠毒信，结邪连伪，与善为怨；尚争贵武，无不浸凌，使通境外，常议弑君；食重五味，残贼群生，刳胎杀夭，逆天之心；居常醉饱，取求不厌，多藏金玉，畜积如山；所有珍宝，拟于人君，出入奇异，荣盛光显；离众绝俗，超然独存，乱世高之，称为大人；过众恶大，罪重祸深，贤父不畜，明主不臣；道所不佑，神所不在，天所不覆，万物所怨。有人若此，丧之受福，生之受患，身苟不获，事及子孙。

五十四章

善建者不拔，[1]善抱者不脱，[2]子孙以祭祀不辍。[3]修之于身，其德乃真；[4]修之于家，其德乃余；[5]修之于乡，其德乃长；[6]修之于国，其德乃丰；[7]修之于天下，其德乃普。[8]故以身观身，[9]以家观家，[10]以乡观乡，[11]以国观国，[12]以天下观天下。[13]吾何以知天下然哉？以此。[14]

[1]【河上公注】建，立也。善以道立身立国者，不可得引而拔也。

【王弼注】固其根而后营其末，故不拔也。

[2]【河上公注】善以道抱精神者，终不可拔引解脱。

【王弼注】不贪于多，齐其所能，故不脱也。

[3]【河上公注】为人子孙能修道如是，长生不死，世世以久，祭祀先祖宗庙无绝时。

【王弼注】子孙传此道以祭祀，则不辍也。

[4]【河上公注】修道于身，爱气养神，益寿延年。其德如是，乃为真人。

[5]【河上公注】修道于家，父慈子孝，兄友弟顺，夫信妻贞。其德如是，乃有余庆及于来世子孙。

【王弼注】以身及人也。修之身则真，修之家则有余，修之不废，所施转大。

[6]【河上公注】修道于乡，尊敬长老，爱养幼小，教诲愚鄙，其德如是，乃无不覆及也。

[7]【河上公注】修道于国，则君信臣忠，仁义自生，礼乐自兴，政

平无私,其德如是,乃为丰厚也。

[8]【河上公注】人主修道于天下,不言而化,不教而治,下之应上,信如影响,其德如是,乃为普博。

[9]【河上公注】以修道之身,观不修道之身,孰亡孰存也。

[10]【河上公注】以修道之家,观不修道之家也。

[11]【河上公注】以修道之乡,观不修道之乡也。

[12]【河上公注】以修道之国,观不修道之国也。

【王弼注】彼皆然也。

[13]【河上公注】以修道之主,观不修道之主也。

【王弼注】以天下百姓心,观天下之道也。天下之道,逆顺吉凶,亦皆如人之道也。

[14]【河上公注】老子言:吾何知天下修道者昌背道者亡?以此五事,观而知之也。

【王弼注】此,上之所云也。言吾何以得知天下乎?察己以知之,不求于外也,所谓不出户以知天下者也。

【指归】

天地之间,广大修远,殊风异俗,物类众臣,变化无穷,利害谬诡,故能不能制,而为不能为也。我为天下,而天下亦为我,彼我相遇,则彼众而我寡,以寡遇众,则众宁寡殆。故以己知立,则知夺之;以己巧立,则巧伐之;以己力主,则力威之;唯无所为,莫能败之。何以效其然也?

夫默而求响,响不我应;托阴求影,影不我从;畏响而扣金,响愈我应;恶影而处阳,影益我从。由此观之,无为不能遁福,有为不能逃患。是以圣人去力,去巧,去知,去贤;建道抱德,摄精畜神,体和袭弱,履地戴天;空虚寂泊,若亡若存,中外俱默,变化于玄;无为无事,反朴归真,无法无度,与变俱然;抱小托大,牧养万民,方圆先后,常与身存,体正神宁,传嗣子孙;德积化流,洋溢无穷,衰而复盛,与天俱终。

故治之于身，则性简情易，心达志通，远所不远，明所不明；重神爱气，轻物细名，思虑不惑，血气和平；筋骨便利，耳目聪明，肌肤润泽，面理有光；精神专固，生生青青，身体轻劲，美好难终。治之于家，则夫信妇贞，父慈子孝，兄顺弟悌，九族和亲；耕桑时得，畜积殷殷，六畜蕃殖，事业修治，常有余财，乡邑愿之。治之于乡，则睹纲知纪，动合中和，名实正矣；白黑分明，曲直异理，是非自得，奸邪不起；威严尊显，令行禁止，奉上化下，公若父子，敬爱信向，上下欢喜；百姓和集，官无留负，职修名荣，称为君子，常有余德，没身不殆。治之于国，则主明臣忠；朝不壅贤，士不妒功，邪不蔽正，谗不害公；和睦顺从，上下无怨，百官乐职，万事自然，远人怀慕，天下同风；国富民实，不伐而疆。宗庙尊显，社稷永宁；阴阳永合，祸乱不生，万物丰熟，境内大宁；邻家托命，后世蕃昌，道德有余，与天为常。治之于天下，则主阴臣阳，主静臣动，主圆臣方，主因臣唱，主默臣言；正直公方，和一大通，平易无为，寂泊无声；德驰相告，神骋相传，运动无端，变化若天；不行而知，不为而成，功与道伦，宇内反真，无事无忧，太平自兴。

是故我身者，彼身之尺寸也；我家者，彼家之权衡也；我乡者，彼乡之规矩也；我国者，彼国之准绳也；人主者，天下之腹心也；天下者，人主之身形也。故天下者与人主俱利俱病、俱邪俱正，主民俱全，天下俱然，家国相保，人主相连，苟能得已，天下自然。故可以知我者，无所不知；可以治我者，无所不治；便于我者，无所不可；利于我者，无所不宜。不可于我而可于彼者，天下无之。

五十五章

含德之厚，[1]比于赤子。[2]蜂虿虺蛇不螫，[3]猛兽不据，攫鸟不搏。[4]骨弱筋柔而握固，[5]未知牝牡之合而全作，[6]精之至也。[7]终日号而不嗄，[8]和之至也。[9]知和曰常，[10]知常曰明，[11]益生曰祥，[12]心使气曰强。[13]物壮则老，[14]谓之不道，[15]不道早已。[16]

[1]【河上公注】谓含怀道德之厚者也。

[2]【河上公注】神明保佑含德之人，若父母之于赤子也。

[3]【河上公注】蜂虿蛇虺不螫。

[4]【河上公注】赤子不害于物，物亦不害之。故太平之世，人无贵贱，皆有仁心，有刺之物，还反其本，有毒之虫，不伤于人。

【王弼注】赤子无求无欲，不犯众物，故毒虫之物无犯之人也。含德之厚者，不犯于物，故无物以损其全也。

[5]【河上公注】赤子筋骨柔弱，而持物坚固，以其意专心不移也。

【王弼注】以柔弱之故，故握能周固。

[6]【王弼注】作，长也。无物以损其身，故能全长也。言含德之厚者，无物可以损其德，渝其真，柔弱不争而不摧折者，皆若此也。

[7]【河上公注】赤子未知男女之合会，而阴作怒者，由精气多之所致也。

[8]【王弼注】无争欲之心，故终日出声而不嗄也。

[9]【河上公注】赤子从朝至暮啼号，声不变易者，和气多之所致。

[10]【河上公注】人能知和气之柔弱有益于人者, 则为知道之常也。【王弼注】物以和为常, 故知和则得常也。

[11]【河上公注】人能知道之常行, 则日以明达于玄妙也。

【王弼注】不皦不昧, 不温不凉, 此常也。无形不可得而见, 曰明也。

[12]【河上公注】祥, 长也。言益生欲自生, 日以长大。

【王弼注】生不可益, 益之则夭也。

[13]【河上公注】心当专一和柔, 而气实内, 故形柔。而反使妄有所为, 和气去于中, 故形体日以刚强也。

【王弼注】心宜无有, 使气则强。

[14]【河上公注】万物壮极则枯老也。

[15]【河上公注】老不得道。

[16]【河上公注】不得道者, 早已死也。

【指归】

道德虚无, 神明寂泊, 清浊深微, 太和滑淖; 听之寂寥, 视之虚易, 上下不穷, 东西无极; 天不能裹, 地不能囊, 规不能圆, 矩不能方, 度不能度, 而量不能量; 金玉不能障蔽, 水火不能壅落, 万物莫之能领, 患祸莫之能作; 沉浮翱翔, 浑沌磅礴, 心无所栖, 形无区宅; 陶冶禀授, 万天以作, 群物得之, 滋滋哑哑; 知虑不能得, 有为不能获, 思之逾远, 为之益薄; 执之不我擒, 纵之不我释, 唯无欲者, 身为之宅, 藏之于心, 故曰含德。

夫德之在人, 犹父母之于身也, 其于万物, 犹珠玉之与瓦铅也。是以含德之士, 重身而轻天下, 犹慈父孝子, 不以其有易其邻; 大身而细物者, 犹良贾察商, 不以珠玉易瓦铅也。其无欲也, 非恶货而好廉也, 天下之物莫能悦其心也; 其为虚也, 非好静而恶扰也, 天下之事莫足为也。夫何故哉? 所有重而天下轻也。明于轻重之称, 通于利害之变, 故万物不能役, 而天下不能徭也。故不为虚而虚自起, 不为静而静自生, 不休神而神自定，不和气而气自平。是以不听而闻无声之声，不视而见无形之形，不思而领是非之意，不虑而达同异之乡。神沦天地，德尊阴阳，不请福而天地佑之，不辞祸而患害去之，不杀戮而天下畏之，不施与而天下爱之。鼓腹而乐，俯仰而娱，食草而美，饮水而甘，乔木之下精神得全，岩穴之中心意常欢；贫乐其业，贱忘其卑，穷而恬死，困而忘危；功与地配，德与天齐，反愚归朴，比于婴儿。

是故建身为国，诚以赤子为容，则是天下尊道贵德，各重其身。名势为垢，万物为尘，贪夫逃爵，残贼反仁，积柔集弱，唯德是修。而作福生乱者有何由然？悲夫！天地之道，深以远，妙以微，能识之者寡，行之者希，智慧不能得，唯赤子能体之。

夫赤子之为物也，知而未发，通而未达，能而未动，巧而居拙，生而若死，新而若弊，为于不为，与道周密；生不生之生，身无身之身，用无用之用，闻无闻之闻；无为无事，无意无心，不求道德，不积精神；既不思虑，又无障截，神气不作，聪明无识；柔弱虚静，魂魄无事；乐无乐之乐，安无欲之欲；生不枉神，死不幽志，故能被道含德与天地同则，蜂虿虫蛇无心施其毒螫，攫鸟猛兽无意加其攫搏。骨弱筋柔，握持坚固；不睹牝牡，阴阳以化；精神充实，人物并归。啼号中嘎，可谓志和。

为之行之，与道为常，执之守之，时日聪明，旬月生息，动合百祥，心意玄作，气顺坚强。无所为，故无所不克；无所欲，故动无所丧。自然通达，众美萌生，天地爱佑，祸乱素亡。夫何故哉？以含德和神而体童蒙也。及其有知也，去一而之二，去晦而之明；身日饰而德日消，智逾多而迷益深。故重天下而轻其神，贵名势而贱其身；深思远虑，离散精神；背柔弃弱，力进坚刚；陷于欲得，溺于求生；开于危殆，塞于万全。故福如天地，视而不能见；祸若雷霆，听而不能闻。出无入有，日造祸殃，动而之穷，为而之亡。修身爱国，为国不祥，祭燎而天地是伐，祷祀而鬼神是丧。非命之罪，事物自当也。

五十六章

知者不言,^[1]言者不知。^[2]塞其兑,闭其门,^[3]挫其锐,^[4]解其分,^[5]和其光,^[6]同其尘,^[7]是谓玄同。^[8]故不可得而亲,^[9]不可得而疏,^[10]不可得而利,^[11]不可得而害,^[12]不可得而贵,^[13]不可得而贱,^[14]故为天下贵。^[15]

[1]【河上公注】知者贵行,不贵言也。

【王弼注】因自然也。

[2]【河上公注】驷不及舌,多言多患。

【王弼注】造事端也。

[3]【河上公注】塞门之者,欲绝其源。

[4]【河上公注】情欲有所锐为,当念道无为,以挫止之。

【王弼注】含守质也。

[5]【河上公注】纷,结恨不休,当念道淡泊,以解释之。

【王弼注】除争原也。

[6]【河上公注】虽有独见之明,当和之使暗昧,不使曜乱。

【王弼注】无所特显,则物无所偏争也。

[7]【河上公注】不当自别殊也。

【王弼注】无所特贱,则物无所偏耻也。

[8]【河上公注】玄,天也。人能行上上事,是谓与天同道也。

[9]【河上公注】不以荣誉为乐,独立为哀。

[10]【河上公注】志静无欲,与人无怨。

【王弼注】可得而亲,则可得而疏也。

[11]【河上公注】身不欲富贵，口不欲五味。

[12]【河上公注】不与贪争利，不与勇争气。

【王弼注】可得而利，则可得而害也。

[13]【河上公注】不为乱世主，不处暗君位。

[14]【河上公注】不以乘权故骄，不以失志故屈。

【王弼注】可得而贵，则可得而贱也。

[15]【河上公注】其德如此，天子不得臣，诸侯不得屈，与世沉浮，容身避害，故为天下贵也。

【王弼注】无物可以加之也。

【指归】

道无常术，德无常方，神无常体，和无常容；视之不能见，听之不能闻，既不可望，又不可扪。故达于道者，独见独闻，独为独存，父不能以授子，臣不能以授君，犹母之识其子，婴儿之识其亲也。夫子母相识，有以自然也；其所以然者，知不能陈也。五味在口、五音在耳，如甘非甘，如苦非苦，如商非商，如羽非羽，而易牙、师旷有以别之；其所以别之者，而口不能言也。故无状之状，可视而不可见也；无象之象，可劾而不可宣也；无为之为，可则而不可陈也；无用之用，可行而不可传也。是故得道之人，见之如子之识亲；履之如地，戴之若天，被之服之，体之如身；为之行之，与之浮沉，与之卧起，与之屈伸；神与化游，志与德运，聪明内作，外若聋盲，思虑玄起，状若痴狂；口不能言而意不能明也。譬犹梦为君王、履危临深，忧喜相反，中心独然，觉而道之，不能以喻其邻也。

失道之人则不然，见其外不睹其内，识其流不获其源，秉其末不穷其根，然其所以然，不然其所不然。故道在于外不在于身，中主不定，守不固坚，心狐志疑，情与物连；聪明玄耀，以伪为真，若是若非，若亡若存；和气易动，若病在人，阳泄神越，恶默好言；方言之时，心有所虑，志有所思，聪明并外，精神去之；音声内竭，外实有余，道德离散，日日远之；言之益疾而己愈不见，造之益众而己愈不知。是故言者，逆道之要也，而距德之数也，反天之匠，覆地之具也。

　　是故得道之士，损聪弃明，不视不听，若无见闻；闭口结舌，若不知言。挫其锐，释其所之，意无所守，廓似无身；解其所思，散其所虑，奄若不知，匿若独存；灭祸无首，反于太素，容貌不异，服色不诡；因循天地，与俗变化，深入大道，与德徘徊。无言以言言，无为以为为；清静以治己，平和以应时。与世浑沌，与俗玄同；要物之本，秉事之根；独与众异，天下莫闻；游于亲疏之户，翱翔利害之门；浮于贵贱之野，固守我之精神；遁隐无形之境，放佚荒荡之乡；贫贱不以为辱，富贵不以为荣；欲隐而隐，欲彰而彰，阴阳不能损益，人主不能蔽明；魁然独立，卓尔无双，声色不能悦，五味不能甘，万物不能与之争，知力不能与之讼；无取无与，无得无去，闭门杜户，绝端灭绪。神明为制，道为中主，动与化邻，静与然交；和顺时得，故能长久，佚荡无常，莫能先后。故好之不能近，恶之不能远，赏与不能加，赋税不能取，爵禄不能高，贫贱不能下。无奈万物何，故万物不能役；无以天下为，故天下不能有也。

五十七章

以正治国，[1]以奇用兵，[2]以无事取天下。[3]吾何以知其然哉？以此：[4]天下多忌讳，而民弥贫；[5]民多利器，国家滋昏；[6]人多伎巧，奇物滋起；[7]法令滋彰，盗贼多有。[8]故圣人云：[9]我无为而民自化，[10]我好静而民自正，[11]我无事而民自富，[12]我无欲而民自朴。[13]

[1]【河上公注】以，至也。天使正身之人，使至有国也。

[2]【河上公注】奇，诈也。天使诈伪之人，使用兵也。

[3]【河上公注】以无事无为之人使取天下为之主。

【王弼注】以道治国则国平，以正治国则奇正起也，以无事则能取天下也。上章云，其取天下者，常以无事，及其有事，又不足以取天下也，故以正治国则不足以取天下，而以奇用兵。夫以道治国，崇本以息末，以正治国，立辟以攻末，本不立而末浅，民无所及，故必至于奇用兵也。

[4]【河上公注】此，今也。老子言：我何以知天意然哉？以今日所见知之也。

[5]【河上公注】天下谓人主也。忌讳者，防禁也。令烦则奸生，禁多则下诈，相殆故贫。

[6]【河上公注】利器者，权也。民多权则视者眩于目，听者惑于耳，上下不亲，故国家昏乱。

【王弼注】利器，凡所以利己之器也。民强则国家弱。

[7]【河上公注】人谓人君，百里诸侯也。多知伎巧，谓刻画宫观，雕琢服章，奇物滋起，下则化上，饰金镂玉，文绣采色，日以滋甚。

【王弼注】民多智慧则巧伪生，巧伪生则邪事起。

[8]【河上公注】法物，好物也。珍好之物滋生彰著，则农事废，饥寒并至，故盗贼多有也。

【王弼注】立正欲以息邪，而奇兵用；多忌讳欲以耻贫，而民弥贫；利器欲以强国者也，而国愈昏多，皆舍本以治末，故以致此也。

[9]【河上公注】谓下事也。

[10]【河上公注】圣人言：我修道承天，无所改作，而民自化成也。

[11]【河上公注】圣人言：我好静，不言不教，民皆自忠正也。

[12]【河上公注】我无徭役征召之事，民安其业，故皆自富。

[13]【河上公注】我常无欲，去华文，微服饰，民则随我为质朴也。

【王弼注】上之所欲，民从之速也。我之所欲唯无欲，而民亦无欲自朴也。此四者，崇本以息末也。

【指归】

道德之情，正信为常，变化动静，一有一亡；覆载天地，经纬阴阳，纪纲日月，育养群生，逆之者死，顺之者昌。故天地之道，一阴一阳；阳气主德，阴气主刑，刑德相反，和在中央。春生夏长，秋收冬藏，终而复始，废而又兴；阳终反阴，阴终反阳，阴阳相反，以至无穷。

故王道人事，一柔一刚，一文一武，中正为经。刚柔相反，兵与德连，兵终反德，德终反兵，兵德相保，法在中央。法数相参，故能大通。是以明王圣主，损欲以虚心，虚心以平神，平神以知道，得道以正心，正心以正身，正身以正家，正家以正法，正法以正名，正名以正国。正国纲纪，分明察理，元元本本，牵左连右，参伍前后，物如其所。正名以覆实，审实以督名。一名一实，平和周密，方圆曲直，不得相失，赏罚施行，不赢不缩。名之与实，若月若日；一名正而国家昌，一名奇而国家役。养国之密，无有所常，屈伸取与，与时俱行。继乱任法，遭逆任兵，守平以道，体德为常；大小相遇，以正相望；失正则化之，不从则禁之，不止则制之，不伏则伐之。

若夫小国迫于大国之间，遭无道之君，以正事之不可则去之，去之不可则割地而予之，予之不可则率众而避之，避之不可则杖策而遁之，遁之不可则患及万民，祸将及我，故奋计而图之，是争之所为起而兵之所为生也。吾欲选将练士，砥砺甲兵，积粮高垒，营而自守，百姓靡弊，国家虚空，是战之所为作也，而正之所为兴也。吾欲以正入，则我寡而彼众，我弱而彼强，如卵投石，为敌受殃，三军必败，士卒死伤，天心不得，宗庙灭亡，下悲万民之命，上畏天地之心，是权之所为动也，而奇之所为运也。故建反往之计，招覆来之事，开万民之心，生诸侯之谋；明我道德之佑，阐我天地之助，以浑四海之心、同万国之意。百姓应我若响，邻国随我若影，飞鸟走兽与我俱往，是计之所为用，而奇之所为行也。

上顺道德之意，下合天地之心，危宁利害，视民若身；体无形之形，处太阴之阴，发无为之为，扬无声之声；异彼灭化之罪，明彼逆天之功，显天之所降，见地之所生；有名无实，有实无名，名实相违，或正或倾；纵横反覆，合于冥冥，天灾自起，妖孽自生；离其父子，绝其弟兄，杀其凶将，戮其忠臣，天下怨恨，莫与同心；魁然独立，受天之兵，战胜大喜，四海安宁，此用奇之上也。

蓄天下之怒，积能奇之人；飞耳游目，延聪益明；游士四达，结友合亲；生息变怪，因道应奸；饰权养势，以实其民；飞言僎事，以惑敌人；卑辞降下，以闲其君；轻使重利，以开其臣；君臣有隙，因制其神；变作于阴，权动于微；悬其死命，因其枢机。使敌狂惑，不得有为；随时进退，无有常仪；不攻而敌自诎，不战而敌自危；克其君不及其臣，诛其将不及其师；战胜民喜，诸侯畏之，此用奇之次也。

制其地形，御其君臣，卑体重赏，以顺其外，阴谋云布，以乱其亲；奸从彼来，道从此兴；数城而封将，连国以予奸，奸来如鬼，谋计如神；方略不测，奇变不穷，分彼之力，疑彼之心；如出于地，若生于天，离其左右，散其所连；起权生变以制其死，阻其计谋使不得信，折其强辅以孤其志，因形立胜如环无端；乘时而发，和为之恒，动攻其害，静绝其粮；裻而夺之，饥而渴之，重而累之，水而火之，劳而苦之，冻而暍之，利而诱之，狂而惑之，卒而迫之，窘而薄之；从高击下，以众制寡，坚校部曲，官队相伍；上护其下，下救其上，三军相保，亲如父子；奇阵分合，隐伏参处，营前经后，陵左败右，耀以旌旗，惑以金鼓；进如波腾，退如风雨，发如崩溃，合战如虎；守不可攻，攻不可守，战胜威行，天下大恐，此用奇之下也。

祸乱既夷，万物丰宁，天心大得，宇内欣欣；藏奇损智，忠信为务，清静简易，退事止言。夫何故哉？道德变化，无所不生；物有高下，指向不同；趋舍殊缪，或西或东；各推其性，以活其身。吉人以善足，凶人以恶传；诚人以信显，邪人以伪容，各效其知，以避祸凶。求而不瞻，智者诈生；劳而不息，忠者起奸；拘迫惨怛，信者驰谩；穷困不已，贤者不仁。故主好知，则民伪；主好利，则民祸；主好赏，则民困；主好罚，则民怨。何则？事由于主，行之在臣；赏出于主，财出于民；法出于主，受之在臣；主有所欲，天下向风。

故用心思公，不若无心之大同也；有欲禁过，不若无求之得忠也；喜怒时节，不若无为之有功也；思虑和德，不若无事之大通也；明于俞跗之术、岐鹊之数以治之，不若使世无病之德丰也；挟黄帝、太公之虑，秉孙、吴氏之要以胜之，不若仗天下不事、智力之不营也。故道德之所生，爱不能利也；天地之所成，为不能致也。唯无爱者能利之，唯无为者能遂之。是故明王圣主，无欲无求，不创不作，无为无事，无载无章，反初归朴，海内自宁。

何以明之？庄子曰：夫起福生利，成功遂事，备物致用，使人大富，天下奢僭，财货不足，民人愈丑；福满山泽，金玉成积，国愈不安，民益少利；饰智相愚，以诈相要，防堤邪淫，奸伪之路密；分别同异、是非之变众，则国家昏而政事衰；作方遂伎，雕琢文彩，奇变异怪，以褒有德，以别尊卑，巧故滋起，俊出愈奇；令速赏深，罚峻刑严，凿肌肤，断四肢，疏远不隐，亲近不和；罪至夷灭，赏至封侯，天地振栗，盗贼愈多。故圣人之言云：我无为而民自化。

夫何故哉？主者，天下之心也。气感而体应，心动而身随，声响相应、形影相随，不足以为喻。是故人主诚能为无为之为，则天下之心皆无所之，被道含德，无思无求；无令无法，万民自化。人主诚能事无事之事，则天下无效无象，无知无识；不赏不与，万民自富。人主诚能安无静而静，乐无清之清，则天下不学不问，无闻无见；无刑无罚，万民自正。人主诚能欲不欲之欲，则天下心虚志平，大身细物，动而反止，静而归足；不拘不制，万民自朴。故人主之政，不孝不仁，不施不予，闵闵缦缦，万民恩挽，墨墨倦倦，好恶不别，是非不分，故得所欲，性命以全。人主之政，布德施利，明目察察，万民昭昭，皆知祸福，孝悌仁义，万事差别，偟偟儴儴，知伪缺缺，故失所安，性命夭绝。

福生于祸，祸生于福。福之与祸，同营异域，俱亡俱存，异情同服，相随出入，同来异极，非有圣人，莫能独得。故去福则无祸，无祸则无福。无福之福，至微玄默，天下好知，莫能穷极。唯无为者，能顺其则。正在福祸之间，无所不克。失正则奇生而民惑，善人为妖，是非反覆，天下大迷而不复也。

五十八章

其政闷闷，[1]其民淳淳；[2]其政察察，[3]其民缺缺。[4]祸兮福之所倚，[5]福兮祸之所伏。[6]孰知其极？[7]其无正？[8]正复为奇，[9]善复为妖。[10]人之迷，其日固久。[11]是以圣人方而不割，[12]廉而不刿，[13]直而不肆，[14]光而不耀。[15]

[1]【河上公注】其政教宽大，闷闷昧昧，似若不明也。

[2]【河上公注】政教宽大，故民醇醇富厚，相亲睦也。

【王弼注】言善治政者，无形无名，无事无政可举，闷闷然，卒至于大治，故曰其政闷闷也。其民无所争竞，宽大淳淳，故曰其民淳淳也。

[3]【河上公注】其政教急疾，言决于口，听决于耳也。

[4]【河上公注】政教急，民不聊生，故缺缺日以疏薄。

【王弼注】立刑名，明赏罚，以检奸伪，故曰察察也。殊类分析，民怀争竞，故曰其民缺缺也。

[5]【河上公注】倚，因也。夫祸因福而生，人遭祸而能悔过责己，修善行道，则祸去而福来。

[6]【河上公注】祸伏匿于福中，人得福而为骄恣，则福去祸来。

[7]【河上公注】祸福更相生，谁能知其穷极时。

[8]【河上公注】无，不也。谓人君不正其身，其无国也。

【王弼注】言谁知善治之极乎？唯无可正举，无可形名，闷闷然而天下大化，是其极也。

[9]【河上公注】奇，诈也。人君不正，下虽正，复化上为诈也。

【王弼注】以正治国，则便复以奇用兵矣，故曰正复为奇。

[10]【河上公注】善人皆复化上为妖祥也。

【王弼注】立善以和万物，则便复有妖之患也。

[11]【河上公注】言人君迷惑失正以来，其日已固久。

【王弼注】言人之迷惑失道，固久矣，不可便正善治以责。

[12]【河上公注】圣人行方正者，欲以率下，不以割截人也。

【王弼注】以方导物，舍去其邪，不以方割物，所谓大方无隅。

[13]【河上公注】圣人廉清，欲以化民，不以伤害人也。今则不然，正己以害人也。

【王弼注】廉，清廉也。刿，伤也。以清廉清民，令去其邪，令去其污，不以清廉刿伤于物也。

[14]【河上公注】肆，申也。圣人虽直，曲己从人，不自申之也。

【王弼注】以直导物，令去其僻，而不以直激拂于物也，所谓大直若屈也。

[15]【河上公注】圣人虽有独知之明，常如暗昧，不以耀乱人也。

【王弼注】以光鉴其所以迷，不以光照求其隐匿也，所谓明道若昧也。此皆崇本以息末，不攻而使复之也。

五十九章

治人[1]事天[2]莫若啬。[3]夫唯啬，是谓早服。[4]早服谓之重积德，[5]重积德则无不克，[6]无不克则莫知其极，[7]莫知其极，可以有国，[8]有国之母，可以长久，[9]是谓深根固柢，[10]长生久视之道。[11]

[1]【河上公注】谓人君欲治理人民。

[2]【河上公注】事，用也。当用天道顺四时。

[3]【河上公注】啬，爱也。治国者当爱民财，不为奢泰；治身者当爱精气，不放逸。

【王弼注】莫若，犹莫过也。啬，农夫。农人之治田，务去其殊类，归于齐一也。全其自然，不急其荒病，除其所以荒病。上承天命，下绥百姓，莫过于此。

[4]【河上公注】早，先也。服，得也。夫独爱民财，爱精气，则能先得天道也。

【王弼注】早服，常也。

[5]【河上公注】先得天道，是谓重积德于己也。

【王弼注】唯重积德，不欲锐速，然后乃能使早服其常，故曰早服谓之重积德者也。

[6]【河上公注】克，胜也。重积德于己，则无不胜。

[7]【河上公注】无不克胜，则莫有知己德之穷极也。

【王弼注】道无穷也。

[8]【河上公注】莫知己德有极，则可以有社稷，为民致福。

【王弼注】以有穷而莅国,非能有国也。

[9]【河上公注】国身同也。母,道也。人能保身中之道,使精气不劳,五神不苦,则可以长久。

【王弼注】国之所以安谓之母。重积德是唯图其根,然后营末,乃得其终也。

[10]【河上公注】人能以气为根,以精为蒂,如树根不深则拔,蒂不坚则落,言当深藏其气,固守其精,使无漏泄。

[11]【河上公注】深根固蒂者,乃长生久视之道。

【指归】

　　道无不有而不施与,故万物以存;无所不能而无所为,故万物以然。何以明之?夫道体虚无而万物有形,无有状貌而万物方圆,寂然无音而万物有声。由此观之,道不施不与而万物以存,不为不宰而万物以然。然生于不然,存生于不存,则明矣!

　　故王者兴师动利则民欲,民欲而以方,方则割,以割为方则邪者进而方者退,忠臣蒙其毒,万民受其害。贵货则民求,民求而以廉,廉则刿,以刿为廉,则贪者显而廉者弊,忠臣蒙其咎,而万民受其败。开争则民曲,民曲而以直,直则肆,以肆为直,则枉者翱翔,直者深伏,忠臣蒙其祸,万民受其败。上好名则民伪,民伪而以光,光则耀,以耀为光,则大德隐而小惠章,忠臣蒙其死,而万民受其殃。数者以施,货流情通,所以谓方者不方,廉者不廉,直者不直,光者不光。名谬实易,正失德亡。

　　人主独立,臣下双身,养主之意,阿主之心,塞主之听,蔽主知明,此国之所以危而宗庙之所以丧也。是以明王圣主,独有而不与也,独知而不教也,独能而不使也,方于己而不以也,廉于万物而不有也,直秉天心而不恃也,德光四海而不怙也。夫何故哉?去福以方,使下自公;割于不割,使民不讼;事情自达,万物自通;莫之为吉,莫之为凶;天下荡荡,莫云其常。非不割也,割剥伐击、诛骄制暴而无瘢创也。去货以廉,使天下自平；列于不列，使人无争；贪叨者息，洁白自生；莫之为浊，莫之为清；名不虚谧，实不倚倾。非不列也，善廉美让，章含显盗而辩无藏也。去争以直，使下自克；肆于不肆，使民自伏；匡邪振乱，化淫矫俗；莫之为祸，莫之为福；天下荒荒，万物自得。非不肆也，举正扬直，表过章恶，贬邪削枉，明人之失，天下尽正而动无声也。去名以光，使下自当；耀于不耀，使民自明；莫之为照，莫之为冥；天下浑浑，万物滋生；德与天比，化与道同。非不耀也，德光四海，照万物而化无形也。

上下相象，中表相应，出入无朕，往来无间，若影之于形，响之于声。故治国之道、生民之本，啬为祖宗。是故明王圣主，损形容，卑宫室，绝五味，灭声色，智以居愚，明以语默，建无状之容，立无象之式，恐彼知我，藏于不测。故未动而天下应，未命而万民集，未战而素胜之，未攻而天下服。是以不勤劳而民有功，不分争而得其职，不刑戮而万民畏，不微妙而得天福，祸乱不生，群祥并集，无为而无不成，不争而无不克。

故万物玄同，天下和洽，浮沉轧軏，与道相得；若终而始，若乱而纪，虚而实，无而有，疏而密，迟而疾；无形影，无根朕，仿佛浑沌，莫知所以；独知独见，独为独不，变化无常，畜积无府；阴阳离合，屈伸张弛，冥冥窅窅，芒昧玄默。魁如天地，不可穷极；自修有余，故能有国，治人理物，子孙不绝。夫何故哉？以其啬也。

为啬之道，不施不予，俭爱微妙，盈若无有，诚通其意，可以长久。形小神大，至于万倍，一以载万，故能轻举。一以物然，与天同道，根深蒂固，与神明处，真人所体，圣人所保也。

六十章

治大国若烹小鲜。[1]以道莅天下，其鬼不神；[2]非其鬼不神，其神不伤人；[3]非其神不伤人，圣人亦不伤人。[4]夫两不相伤，[5]故德交归焉。[6]

[1]【河上公注】鲜，鱼。烹小鱼不去肠，不去鳞，不敢挠，恐其糜也。治国烦则下乱，治身烦则精散。

【王弼注】不扰也。躁则多害，静则全真，故其国弥大，而其主弥静，然后乃能广得众心矣。

[2]【河上公注】以道德居位治天下，则鬼不敢见其精神，以犯人也。

【王弼注】治大国则若烹小鲜，以道莅天下，则其鬼不神也。

[3]【河上公注】其鬼非无精神也，邪不入正，不能伤自然之人。

【王弼注】神不害自然也。物守自然，则神无所加。神无所加，则不知神之为神也。

[4]【河上公注】非鬼神不能伤害人，以圣人在位不伤害人，故鬼不敢干之也。

【王弼注】道洽则神不伤人，神不伤人，则不知神之为神。道洽则圣人亦不伤人，圣人不伤人，则不知圣人之为圣也。犹云不知神之为神，亦不知圣之为圣也。夫恃威网以使物者，治之衰也；使不知神圣之为神圣，道之极也。

[5]【河上公注】鬼与圣人俱两不相伤也。

[6]【河上公注】夫两不相伤，人得治于阳，鬼得治于阴，人得全其

性命，鬼得保其精神，故德交归焉。

　　【王弼注】神不伤人，圣人亦不伤人；圣人不伤人，神亦不伤人，故曰两不相伤也。神圣合道，交归之也。

【指归】

　　日昃阴生，燥至风起，谿谷小动，海波大兴。高下相临，差以百寻者，以其形大故也。千仞之岸，万丈之崖，物类登之，崖隤下颠，蚉螻蚁适足以游翔，而犀象虎豹之糜骸者，以其形重也。飘风隆盛，发屋折木，石飞铁扬，山陵崩弛，而人血脉不为之伤者，以其暴大也。隙穴之风不动鬓眉，及其中人也，生百病而成死亡者，以其纤介也。夫大国者，江海犀象之徒也；而德化者，飘风隙穴之类也。故其福不可大生也，其力不可暴兴也，其善不可大处也，其恶不可大丧也。大生之则大亡，暴兴之则暴倾，大处之则大去，大丧之则大至。

　　何以明之？庄子曰：夫饥而倍食，渴而倍饮，热而投水，寒而入火，所苦虽除，其身必死。胸中有瘕不可凿，喉中有疾不可剥也，蟁蝱着面不可射也，虮虱着身不可斫也。何则？欲除小患而生大贼也。是以明王圣主之治大国也，若柄纤微，若通小水，若察秋毫，如听无有；若亡若存，若非若是，如行如留，如为如休；为在为不为之域，化在有无有之野；福微利鲜，言希禁寡，动于无形，功流四海。

　　夫何故哉？以道为父，以德为母，神明为师，太和为友，清静为常，平易为主，天地为法，阴阳为象，日月为仪，万物为表，因应为元，诚信为首，殊分异职，绳绳玄默，引总纪纲，举大要而求之于己。是以民如胎縠，主如赤子，智伪无因而生，巧故无由而起；万物齐均，莫有盈损，和洽顺从，万物丰茂；鬼神与人合而俱市，动于自然，各施所有，寂如无君，泊如无鬼；万物尽生，民人尽寿，终其天年，莫有伤夭。

　　主若不仁，鬼若不神。主非不仁也，兼施博爱、德运六合而无阿怜也；鬼非不神，浮于惚恍，载于纤微，经历万方，与时变化，神全万物，不以伤人也。非不伤人，圣人在上，与天相参，人物顺比，大化流行，智者不作,奇物不生,莫之为满,莫之为盈,天下喁喁,万物齐均,既不起高,又不造深,不攻金石,不壅水泉,人不远徙,食不煞生,世皆可赏,莫之可形,草木黄而后落,人化尽而后终。是故天之所胞,地之所函,太一之所主,天一之所将,四时所归,五行所监,群臣毒害,变化运行,各有分部,不得相干;周流万物,莫之可伤。是故鬼神治阴,圣人治阳;治阴者杀偶,治阳者杀奇。虚无清静,鬼神养之;纤微寡鲜,鬼神辅之;盛壮有余,鬼神害之;盈满亢极,鬼神杀之。不属其类,圣人奉之;忠信顺善,圣人与之;雄俊豪特,圣人察之;作变生奇,圣人杀之。故动于阴者,鬼神周之;动于阳者,圣人制之;唯无所为者,莫能败之。圣人在上,奇不得起,诈不得生,故鬼以其神养物于阴,圣人以其道养物于阳。福因阴始,德因阳终,鬼神降其泽,圣人流其恩。交归万物,若性自然,流道沉德,洽和同真。

六十一章

大国者下流，[1]天下之交，[2]天下之牝。[3]牝常以静胜牡，[4]以静为下。[5]故大国以下小国，[6]则取小国；[7]小国以下大国，则取大国。[8]故或下以取，或下而取。[9]大国不过欲兼畜人，[10]小国不过欲入事人。[11]夫两者各得其所欲，大者宜为下。[12]

[1]【河上公注】治大国，当如居下流，不逆细微。

【王弼注】江海居大而处下，则百川流之。大国居大而处下，则天下流之，故曰大国下流也。

[2]【河上公注】大国，天下士民之所交会。

【王弼注】天下所归会也。

[3]【河上公注】牝者，阴类也。柔谦和而不倡也。

【王弼注】静而不求，物自归之也。

[4]【河上公注】女所以能屈男，阴胜阳，以安静，不先求之也。

[5]【河上公注】阴道以安静为谦下。

【王弼注】以其静，故能为下也。牝，雌也。雄躁动贪欲，雌常以静，故能胜雄也。以其静复能为下，故物归之也。

[6]【王弼注】大国以下，犹云以大国下小国。

[7]【河上公注】能谦下之，则常有之。

【王弼注】小国则附之。

[8]【河上公注】此言国无大小，能执谦畜人，则无过失也。

【王弼注】大国纳之也。

[9]【河上公注】下者谓大国以下小国，小国以下大国，更以义相取。

【王弼注】言唯修卑下，然后乃各得其所。

[10]【河上公注】大国不失下，则兼并小国而牧畜之。

[11]【河上公注】使为臣仆。

[12]【河上公注】大国小国各欲得其所，大国又宜为谦下。

【王弼注】小国修下，自全而已，不能令天下归之。大国修下，则天下归之，故曰各得其所欲，则大者宜为下也。

【指归】

天地并起，阴阳俱生，四时共本，五行同根，忧喜共户，祸福同门。故所以为宁者，所以为危者也；而所以为危者，所以为宁者也。所以为存者，所以为亡者也；而所以亡者，所以为存者也。

何以明之？夫虎豹以其形容修广、爪牙坚强、肌肤盛大、毛物丰、文章明，故执百兽而制于人；荣华香草以其所有光曜芬香，故悦于众俗而伤其根；大国之君以其地广民众、势尊形宠、威隆名显，故张其邻国而危其身。有道则固于磐石、宁于太山；失道则危于累卵、轻于鸿毛，俱弱则先困，俱乱则先亡。是故大国者，霸王之梯而亡灭之阶也。是以大国之君，独立无偶，名山四塞，三面成阻；鸿川并流，万物浮下，为诸侯毂；膏腴之府、强大之户、权势之主。偕不测之固，要阨狭之口，肥饶广易方数千里，珍宝奇怪无所不有，民鲜徭役，马牛从处，舟舆万数，兵食陵聚，居者安乐，过者留止，人如草木，畜满山野，耕桑田猎，得获深倍，故天下之所欲归，将相之所欲附。车骑奋击，带甲百万，处易守险，形便地利，顺天而攻，顺地而守，愚人之命，制人之死，与之则有势，背之则失宗庙，故诸侯之所欲交，天下之所畏也。施道足以并兼，尊宠足以发号，伐之足以崇仁，治之足以明义，兼之足以广地，得之足以为富，故诸侯之所好，而将相之所利也。是故自古及今，天下之牝，以静胜牡，千世不易，万事不变。夫何故哉？以虚受实，以无应有，不以为大，务以为小，不以为尚，常以为卑也。

是故明王圣主之处大国也，施而不以置，下而不以求，地裹诸侯之国而无所不畏，德包诸侯之力而无所不事；折节下之以附人意，忠廉诚信以先士吏；割地东西以招贤俊，疾耕力织以褒畜积，结纵连横以戒不虞；发仓庾，散财币，养耆老，食孤弱，振穷达困，显岩穴之士；受而不取，授而不予，柔弱简易，无为而处；诸侯虽有贪鄙残贼、骄矜恃力、不好顺从、欲图逆者，犹以文武之势、威德之重静而下之，则彼修身慎行，改过自新，割地献宝，归命杀身，请为子弟之国，藩墙之臣。

其处小弱也，因道而动，修理而行；富以舟舆，实以甲兵，忠顺诚素，尚朴贵耕；耕织有分，不取民有，上下和集，亲如父子；君如腹心，民如形体，国专和一，可与俱死，上下顺从，可与邻市。大国之君，虽负众强，上权右势，左德下仁，心如饥虎，怒如涌泉，不好施予，常欲吞人，犹以得天之心，获民之意，将相诚信，邻人之助，发源泉之敌，扬不测之威，辱身厚体，竭诚悬命，欿欿惓惓，事以清静，则彼神感精喻，心释意坏，怒移祸徙，与我为诺。

上而取人者，形大势丰，德博权重，人之所利也。下而取于人者，地狭民少，权轻德鲜，人之所易也。故不战而坏人之邑，不攻而降人之城，地广号尊，宗庙显，功德流，是大国之所期也。

交于大国，接和结亲，岁有灾害，则大国忧之；邻国难至，则大国救之。屈一人之下，伸万人之上，社稷尊，宗庙显，国富兵强，人物全济，延于无穷，小国之所愿也。

故接地邻境，悬权不动，先下先得，卑者制倨，静者胜躁，处大之势，小下大得。夫何故哉？自然之道不可强致，水动下流，人动趋利，释下任事，众弱为一，出于不意，此强大之所以亡也，故大宜下之。

六十二章

道者万物之奥，[1]善人之宝，[2]不善人之所保。[3]美言可以市，[4]尊行可以加人。[5]人之不善，何弃之有？[6]故立天子，置三公，[7]虽有拱璧以先驷马，不如坐进此道。[8]古之所以贵此道者何？不曰以求得，[9]有罪以免邪？[10]故为天下贵。[11]

[1]【河上公注】奥，藏也。道为万物之藏，无所不容也。

【王弼注】奥，犹暖也。可得庇荫之辞。

[2]【河上公注】善人以道为身宝，不敢违。

【王弼注】宝以为用也。

[3]【河上公注】道者，不善人之所保倚也。遭患逢急，犹知自悔卑下。

【王弼注】保以全也。

[4]【河上公注】美言者独可于市耳。夫市交易而退，不相宜善言美语，求者欲疾得，卖者欲疾售也。

[5]【河上公注】加，别也。人有尊贵之行，可以别异于凡人，未足以尊道。

【王弼注】言道无所不先，物无有贵于此也，虽有珍宝璧马，无以匹之。美言之，则可以夺众货之贾，故曰美言可以市也。尊行之，则千里之外应之，故曰可以加于人也。

[6]【河上公注】人虽不善，当以道化之。盖三皇之前，无有弃民，德化淳也。

【王弼注】不善,当保道以免放。

[7]【河上公注】欲使教化不善之人。

【王弼注】言以尊行道也。

[8]【河上公注】虽有美璧,先驷马而至,故不如坐进此道。

【王弼注】此道,上之所云也。言故立天子,置三公,尊其位,重其人,所以为道也。物无有贵于此者,故虽有拱抱宝璧以先驷马而进之,不如坐而进此道也。

[9]【河上公注】古之所以贵此道者,不日日远行求索,近得之于身。

[10]【河上公注】有罪谓遭乱世,暗君妄行刑诛,修道则可以解死,免于众耶也。

[11]【河上公注】道德洞远,无不覆济,全身治国,恬然无为,故可为天下贵也。

【王弼注】以求则得求,以免则得免,无所而不施,故为天下贵也。

【指归】

　　木之生也,末因于条,条因于枝,枝因于茎,茎因于本,本因于根,根因于天地,天地受之于无形。华实生于有气,有气生于四时,四时生于阴阳,阴阳生于天地,天地受之于无形。吾是以知,道以无有之形、无状之容,开虚无,导神通,天地和,阴阳宁,调四时,决万方,殊形异类,皆得以成,变化终始,以无为为常,无所爱恶,与物大同,群类应之,各得所行。善人得之,以翕以张;清静柔弱,默默沌沌;仁宛和淖,润泽虚平;大小周密,纤微无形;玄达万事,以归无名;终始反覆,万福自生;动得所欲,静失所患;在人之上,威德自明;攻坚胜大,莫与为双。凶人得之,以发以张;坚刚以疏,实动以先,骄溢以壮大,盛满以强极;广修大以无疆,照察察以荧荧,显的的以彰彰;强大终小,不祸自生,动失所欲,静得所伤;心忧志削,乃反正常,神气烦促,趋翕去张;

郁约而辞卑，拘制而体降，迫险而宾服，惨怛而忠信，改容而易节，与君子同；罪定而言善，临死而爱身，一奉天数，变性易情；安贫乐困，卑贱为常，尊天敬鬼，视人如王，上比牛马，下列犬羊；天网以发，自然不听。吁嗟痛哉！为戒甚明。

二者殊涂，皆由道行，在前在后，或存或亡。故言行者，治身之狱也；时和先后，大命之所属也。是以君子之立身也，如暗如聋，若朴若质；藏言于心，常处玄默，当言深思，发声若哭；和顺时适，成人之福，应对辞让，直而不饰。故言满天下而不多，振动四海而不速，连接万物而不有，辞动天下各得所欲。其经世也，气志宵冥而形容隐匿，居如惊恐，貌似不足；偅偅潒潒，消如冰释，遇时而伸，遭世而伏；与天同忧，中心恻恻，计划不行，随时反侧；谦虚止足，卑损自牧，乐下如水，久而不忒；下之又下之，至于无极，天下应之，故能有国。夫何故哉？人之情性，乐尊宠，恶卑耻，损之而怨，益之而喜，下之而悦，止之而鄙，古今之通道而人心之正理也。贤者既然，小人尤甚。是故尊美言行，事无患矣。

古之将民，何弃之有？桀纣之吏可令顺信，秦楚之卒可令顺善。故能得其心，天下可有；不得其意，妻妾不使。何以效其然也？夫爵尊天下，富有四海，威势无量，专权檀柄，人之所畏也。去徒步，离卒伍，鸿举龙兴，起佐天子，发道扬德，施行所有，恩流万姓，光显祖考，人之所利也。以人之所畏，求人之所利，言不美，行不敬，虽执大璧、操珍物而进之，安车驷马而载之，则是贤者之心疑惑下否，玄圣深隐，君子不来。言行修于内，则神气踰于外，无有驷马之劳、宝璧之费，海内之士，响应风起，俊雄英豪，辐至蜂止。圣人之下，朝多君子。古之所以贵此道者，夫何故哉？言顺天地而不已，行合人心而不忒，名成而不显，功遂而不有；情性自然，不以为取，将以顺道，不以为己，万物归之，为天下宰。

六十三章

为无为，[1]事无事，[2]味无味。[3]大小多少，[4]报怨以德。[5]图难于其易，[6]为大于其细。[7]天下难事必作于易，天下大事必作于细，是以圣人终不为大，[8]故能成其大。[9]夫轻诺必寡信，[10]多易必多难，[11]是以圣人犹难之，[12]故终无难矣。[13]

[1]【河上公注】因成修，故无所造作。

[2]【河上公注】豫有备，除烦省事也。

[3]【河上公注】深思远虑，味道意也。

【王弼注】以无为为居，以不言为教，以恬淡为味，治之极也。

[4]【河上公注】陈其戒令也。欲大反小，欲多反少，自然之道也。

[5]【河上公注】修道行善，绝祸于未生也。

【王弼注】小怨则不足以报，大怨则天下之所欲诛，顺天下之所同者，德也。

[6]【河上公注】欲图难事，当于易时，未及成也。

[7]【河上公注】欲为大事，必作于小，祸乱从小来也。

[8]【河上公注】处谦虚也。

[9]【河上公注】天下共归之也。

[10]【河上公注】不重言也。

[11]【河上公注】不慎患也。

[12]【河上公注】圣人动作举事，犹进退重难之，欲塞其源。

【王弼注】以圣人之才犹尚难于细易，况非圣人之才，而欲忽于此乎? 故曰犹难之也。

[13]【河上公注】圣人终身无患难之事,由避害深也。

【指归】

神明之数,自然之道,无不生无,有不生有,不无不有,乃生无有。由此观之,忧不生忧,喜不生喜,不忧不喜,乃生忧喜。故居祸者得福,居福者得祸,祸福之主,在于元首。为之无形,听之无声,无形声则深远。故无功之功大,而有功之功小;有德之德薄,而无德之德厚。是以圣人不为有,不为亡,不为死,不为生,游于无有之际,处于死生之间,变化因应,自然为常。故不视而明,不听而聪,扶安天地,饰道养神,提挈万物,帝国治民,解情释意,俱反始真。不为生业,不为起事,不加以仁,不施以利,教以不能,导以无识;绝民所乐,以顺民情,纵民所恶,以得民意也。出天伤之户,入长生之路,翱翔玄冥,优游太素,昧昧茫茫,莫知其故,敦若昏晦,天下无事。味之于无味,察之于无形,故能分同异之类,明是非之情,为之未倾。勇功不见,知名不称,福不得起,祸不得生。无福之福,兴于无声,无祸之祸,息于无名,主安民乐,天下太平。

故生患而忧之,长福而求之,戮君而死之,辱父而仇之,造难而折之,作乱而灭之,召寇而杀之,招逆而伐之。勇功见而与天违,知名兴而与道反。动而民悦者劳而德小,为而民喜者为而恩少。是以忠信沮坏,正事消亡,自然伏窜,知故翱翔;窃功者显,偷权者彰,暴乱者利,邪伪者昌;是非覆逆,天下大倾,物失其命,家国以丧。故善除患者,不若无患之大也;起事致治者,不若默然者之贵也。

是以君子,动未始之始,静无无之无,布道施德,变化于玄;怒于不怒,言于不言,攻于不敢,守于无端;威于不武,报怨未萌,图难于易,治其本根,绝之未兆,使不得然;事如秋毫,功如太山,为大于细,治之绵绵;敬而慎之,若始若新,不为所欲,不求所便,常与事反,独守其元,与时俱益,日进无疆,虽欲不大,事物自然。是故大难之将生也,犹风邪之中人，未然之时，慎之不来；在于皮毛，汤熨去之；入于分理，微针取之；在于藏府，百药除之；入于骨髓，天地不能忧而造化不能治。夫大事之将兴也，犹水之出于山也，始于润湿，见于涟涟，绵绵涓涓，流为谿谷；汩汩汤汤，济舟漂石，以成江海，深大不测。是以圣人之建功名也，微，故能显；幽，故能明；小，故能大；隐，故能彰；志在万民之下，故为君王。威振宇内，四海尽匡；悬命受制，莫有能当；德与天地相参，明与日月同光。

　　故言多诺者，事众而信不可然也；心多所易者，难积而变不可推也。是以圣人心默而不动，口默而不言，目默而不视，耳默而不听；动如天地，静如鬼神，不为而成，不言而信；进则无敌，退则不穷，身无纤介之忧，国无毛发之患。夫何故哉？危于不危，亡于不亡，昭然独见，运于无形。

六十四章

其安易持，[1]其未兆易谋。[2]其脆易泮，[3]其微易散。[4]
为之于未有，[5]治之于未乱。[6]合抱之木，生于毫末；[7]九层
之台，起于累土；[8]千里之行，始于足下。[9]为者败之，[10]执
者失之。[11]是以圣人无为，故无败；[12]无执，故无失。[13]民
之从事，常于几成而败之。[14]慎终如始，则无败事。[15]是以
圣人欲不欲，[16]不贵难得之货，[17]学不学，[18]复众人之所
过，[19]以辅万物之自然，[20]而不敢为。[21]

[1]【河上公注】治身治国，安静者易守持也。

[2]【河上公注】情欲祸患未有形兆时，易谋正也。

【王弼注】以其安不忘危，持之不忘亡，谋之无功之势，故曰易也。

[3]【河上公注】祸乱未动于朝，情欲未见于色，如脆弱易破除。

[4]【河上公注】其未彰著，微小易散去也。

【王弼注】虽失无入有，以其微脆之故未足以兴大功，故易也。此
四者，皆说慎终也，不可以无之故而不持，不可以微之故而弗散也。无
而弗持，则生有焉，微而不散，则生大焉，故虑终之患如始之祸，则无败
事。

[5]【河上公注】欲有所为，当于未有萌牙之时，塞其端也。

【王弼注】谓其安未兆也。

[6]【河上公注】治身治国，于未乱之时，当豫闭其门也。

【王弼注】谓微脆也。

[7]【河上公注】从小成大。

[8]【河上公注】从卑至高。

[9]【河上公注】从近至远。

[10]【河上公注】有为于事，废于自然；有为于义，废于仁；有为于色，废于精神也。

[11]【河上公注】执利遇患，执道全身，坚持不得，推让反还。

【王弼注】当以慎终除微，慎微除乱，而以施为治之，形名执之，反生事原，巧辟滋作，故败失也。

[12]【河上公注】圣人不为华文，不为色利，不为残贼，故无坏败。

[13]【河上公注】圣人有德以教愚，有财以与贫，无所执藏，故无所失于人也。

[14]【河上公注】从，为也。民之为事，常于功德几成，而贪位好名，奢泰盈满而自败也。

【王弼注】不慎终也。

[15]【河上公注】终当如始，不当懈怠。

[16]【河上公注】圣人欲人所不欲。人欲彰显，圣人欲伏光；人欲文饰，圣人欲质朴；人欲色，圣人欲于德也。

[17]【河上公注】圣人不眩为服，不贱石而贵玉。

【王弼注】好欲虽微，争尚为之兴；难得之货虽细，贪盗为之起也。

[18]【河上公注】圣人学人所不能学。人学智诈，圣人学自然；人学治世，圣人学治身，守道真也。

[19]【河上公注】众人学问反，过本为末，过实为华。复之者，使反本也。

【王弼注】不学而能者，自然也。喻于学者过也，故学不学，以复众人之过。

[20]【河上公注】教人反本实者，欲以辅助万物自然之性也。

[21]【河上公注】圣人动作因循，不敢有所造为，恐远本也。

【指归】

未疾之人，易为医也；未危之国，易为谋也；萌牙之患，易事也；小弱之祸，易忧也。何以劾之？庄子曰：任车未亏，僮子行之，及其倾覆也，颠高堕谷，千人不能安。卵之未剖也，一指摩之，及其为飞鸿也，奋翼凌云，矰缴不能连也。胎之新乳也，一绳制之，及其为牡也，罗网不能禁也；虎也，执群兽，食牛马，剑戟不能难也。故涟滴之流，久久而成江海；小蛇不死，代为神龙；积微之善，以至吉祥；小恶不止，乃至灭亡。

是故继体之君，无怨无恶，将相和一，百姓宾服，邻国交市，无有谗贼，平易不动，上下和集。当此之时，守之不用威，持之不用力，无为无事，莫之能克。及至国家将危，万民将殆，患害将兴，萌而未兆，当此之时，安危在己，不在于彼，谋之不必圣人，忧之不必力士，正之于枕席，而患祸以亡矣。及至人君失道，大臣怨懑，邻国不市，百官衰废，祸患已生，小弱柔麤。当此之时，贤人深谋，生事起势，未动而患危，不加而祸碎。及至人君失正，大臣谋误，邻国怨恨，百姓犹豫，患祸已起，根本未据，奸雄将兴，未得人助，或合而不结，或结而不固。当此之时，尊贤下众，折肝胆，听微谏，求过于己，患心不怨，谋士底兵，未发而散。故祸福作于无名，存亡生于微妙，二者云错，变动风号，屈伸波浑，进退骹乱，听之不可闻，视之不可见，机巧不能事，智慧不能判。

是故圣人，化之以道，教之以身，为之未有，治之未然；不置而物自安，不养而物自全；动与福同室，静与祸异天；窅窅冥冥，莫观其元。治之未乱，正之未倾；禁奸之本，制伪之端，闭邪之户，塞枉之门；萌牙未动，形兆未生，绝之未见，灭之未存；教以无教，导以无名，知以无知，状以无形；治不得起，乱不得生，天下无为，性命自然。

夫太山之木，本据于阴，末托于阳，垂枝布叶，华实青青，大而合抱，高连百寻者，生于无大，成于无为。九重之台，广大拟于丘陵，百仞之高，昭昭冥冥，干于青霄者，以为卑小，不为高大也。故为大者不大，为小者不小，为高者不高，为卑者不卑；不大不小乃生大小，不高不卑乃生高卑。故为之者不为之迹也，不为者为之涂也。是以为成者败，为利者害，为生者死，为兴者废；执所欲者所欲亡，执所思者所思逝，执其身者其身殁，执其神者其神退。故圣人无为为之以生万物，无执执之以制所欲，犹工匠之造高台，而天地之生巨木，自然而已。

夫道德不嫉，神明不贼，和无不通，大无不克，存亡自从，吉凶自得。人穷事败者，释自然而任知力，去其反而处其覆。夫何故哉？以求所求而欲所欲。夫诚能慎终如始，为所不欲，守所不处，动于未元，反于未始，为若不为，有若不有，虽若不成，物自然也。

夫使神扰精浊、聪明不达、动失所求、静丧所欲者，货与学也；唯能炼情易性、变化心意、安无欲之欲、乐无事之事者，道与德也。是故想道如念亲，恶货如失身；思无思之思，求无求之求，明白四达以学不知，巧雕万物以学不能，反众人之所务而归乎虚无；欲不欲而造虚玄，学不学而造虚玄，学不学而穷妙极；达人之所不能通，穷人之所不能测，成人之所不能为，有人之所不能得；心志玄玄，形容睦睦，卧如死尸，立如槁木；不思不虑，若无所识，使物自然，令事自事；空虚寂泊，身无所与，万物纷纷，各如其处；魁如阜楬，澹如巨表，举错废置，常与物反，万物应之，故能深远；天下大覆，与神运转，辅天助地，不敢生善。

六十五章

古之善为道者，[1]非以明民，[2]将以愚之。[3]民之难治，以其智多。[4]故以智治国，国之贼；[5]不以智治国，国之福。[6]知此两者，亦稽式。[7]常知稽式，是谓玄德。[8]玄德深矣，远矣，[9]与物反矣，[10]然后乃至大顺。[11]

[1]【河上公注】说古之善以道治身及治国者。

[2]【河上公注】不以道教民，明智巧诈也。

[3]【河上公注】将以道德教民，使质朴不诈伪。

【王弼注】明，谓多智巧诈，蔽其朴也。愚，谓无知守真，顺自然也。

[4]【河上公注】以其智多，故为巧伪。

【王弼注】多智巧诈，故难治也。

[5]【河上公注】使智慧之人治国之政事，必远道德，妄作威福，为国之贼。

【王弼注】智，犹治也。以智而治国，所以谓之贼者，故谓之智也。民之难治，以其多智也，当务塞兑闭门，令无知无欲。而以智术动民，邪心既动，复以巧术防民之伪，民知其术，防随而避之，思惟密巧，奸伪益滋，故曰以智治国，国之贼也。

[6]【河上公注】不使智慧之人知国之政事，则民守正直，不为邪饰，上下相亲，君臣同力，故为国之福也。

[7]【河上公注】两者，谓智与不智者。常能智者为贼，不智者能为福，是治身治国之法式也。

[8]【河上公注】玄，天也。能知治身及治国之法式，是谓与天同德也。

[9]【河上公注】玄德之人，深不可测，远不可极也。

【王弼注】稽，同也。古今之所同则而不可废，能知稽式，是谓玄德，玄德深矣，远矣。

[10]【河上公注】玄德之人与万物反异，万物欲益己，玄德施与人也。

【王弼注】反其真也。

[11]【河上公注】玄德与万物反异，故能至大顺，顺天理也。

【指归】

道德神明，清浊太和，天地人物，若末若根，数者相随，气化连通，逆顺昌衰，同于吉凶。道德之意，天地之心，安生乐息，憎恶杀伤，故命圣人为万物王。利物，受其福；不利，则获其恐。圣人大惧，恐后有患，深原所由，莫善自然。自然之路，要在无形。

何以明之？庄子曰：夫天地不知道德之所为，故可为然也；万物不睹天地之所以，故可存也；万民不识主之所务，故可安也；四肢九窍不谕心之所导，故可全也。夫万物之有君，犹形体之有心也。心之于身，何后何先？流行血脉，无所不存，上下表里，无所不然；动与异事，虚以含神，中和外否，故能俱全。

是以昔之帝王经道德、纪神明、总清浊、领太和者，非以生知起事，开世导俗，务以明民也，将以涂民耳目，塞民之心，使民不得知，归之自然也。是以立民于昭昭，而身处乎混冥，教以不知，导以无形，孝悌不显，仁义不彰。君王无荣，知者无名；无教之教，洽流四海，无为之为，通达八方；动与天地同节，静与道德同容；万物并兴，各知其所，名实俱起，各知其当；和气流通，宇内童蒙，无知无欲，无事无功；心如木土，志如死灰，不睹同异，不见吉凶，故民易治而世可平也。

是故安者，民之所利也；生者，民之所归也。民之所以离安去生而难治者，以其知也。民知则欲生，欲生则事始，事始则功名作，功名作则忿争起，忿争起则大奸生，大奸生则难治矣。故以知为国，则天下智巧，诈伪滋生，奇物并起；嗜欲无穷，奢淫不止，邪枉纤纤，豪特争起，谿谷异名，大祸兴矣；臣惑其主，子乱其父，以白为黑，以亡为有，名变实异，劫杀生矣；恍恍不可安，易易不可全，卷甲轻举，海内相政，死者无数，血流成川；悲痛怨恨，气感皇天，星辰离散，日月不光，阴阳失序，万物尽伤，山枯谷竭，赤地数千，天下穷困，至于食人，非天之辜，上好智能而教万民也。

废弃智巧，玄德淳朴；独知独虑，不见所欲；因民之心，塞民耳目；不食五味，不服五色；主如天地，民如草木；岩居穴处，安乐山谷；饮水食草，不求五谷；知母识父，不睹宗族；沌沌偆偆，不晓东西；男女不相好，父子不相恋；不贱木石，不贵金玉。丛生杂处，天下一心；八极共旨，九洲同风；蠹虫不作，毒兽不生；神龙与人处，麟凤游于庭；翔风吤吤，醴泉涓涓，甘露漠漠，朱草荣荣；嘉禾丰茂，万物长生，非天之福，主知不知，而名无名也。是以睹智识愚，与道同符；知愚知智，与道同旨。政教由之，或病或利。明于病利，太平自至，明于利病，万物自正。

是故愚智之识，无所不克，清天宁地，为类阴福，众世莫见，故曰玄德。玄德深矣，不可量测；远矣，不可穷极；与物反矣，莫有能克。玄德之沦，罔荡輓遁，恍惚无形，反物之务；和道德，导神明，含万国，总无方。六合之外，毫厘之内，靡不被德蒙仁以存性命，命终天年，保自然哉！

六十六章

江海所以能为百谷王者，以其善下之，[1]故能为百谷王。[2]是以欲上民，[3]必以言下之；[4]欲先民，[5]必以身后之。[6]是以圣人处上而民不重，[7]处前而民不害，[8]是以天下乐推而不厌。[9]以其不争，[10]故天下莫能与之争。[11]

[1]【河上公注】江海以卑下，故众流归之，若民归就王。

[2]【河上公注】以卑下，故能为百谷王也。

[3]【河上公注】欲在民上。

[4]【河上公注】法江海，处谦虚。

[5]【河上公注】欲在民之前也。

[6]【河上公注】先人而后己也。

[7]【河上公注】圣人在民上为主，不以尊贵虐下，故民戴而不为重。

[8]【河上公注】圣人在民前，不以光明蔽后。民亲之若父母，无有欲害之心也。

[9]【河上公注】圣人恩深爱厚，视民如赤子，故天下乐推进以为主，无有厌也。

[10]【河上公注】天下无厌圣人时，是由圣人不与人争先后也。

[11]【河上公注】言人皆争有为，无有与吾争无为。

【指归】

道德不生万物，而万物自生焉；天地不含群类，而群自托焉；自然之物不求为王,而物自王焉。故天地亿万,而道王之;众阳赫赫,而天王之;阴气潒潒,而地王之;倮者穴处,而圣人王之;羽者翔虚,而神凤王之;毛者跂实,而麒麟王之;鳞者水居,而神龙王之;介者泽处,而灵龟王之;百川并流,而江海王之。凡此九王,不为物主,而物自归焉;无有法式,而物自治焉;不为仁义,而物自附焉;不任知力,而物自畏焉。何故哉?体道合和,无以物为,而物自为之化。

是故江海之王也,非积德政、累仁爱、流神明、加恩惠以怀之,又非崇礼义、广辞让、饰知故、设巧能以悦之也,又非出奇行变、起权立势、奋武扬威、重生累、息百事以制之也,清静处下,虚以待之,无为无求而百川自为来也。百川非闻海之美、被其德化归慕之也,又非拘禁束教、有界道、画东西而趋之也,然而水之所以贯金触石、钻崖溃山、驰骋丘阜以赴随江海无有还者,形偶性合,事物自然也。

由此观之,卑损之为道也大矣!百害不能伤,知力不能取,不战而强,不威而武,默然无为,与万物市。夫谿谷为卑不为东西,故能达而不穷;江海处下不为广大,故能王而不休。是以明王圣主之欲尚民也,以自然之性,盛德之恩,容卑辞敬,比于庶人。视身如地,奉民若天,昭然独知而不可测,卓尔独能而不可原,深察博达而不可塞,聪明并流而不可壅,不以役物,反以后民,故民履之如地,托之若神,常在民上,王土配天。其欲先人、处穷宠、秉至尊、长生久视、乐以无患,则去志无身,以安万民,身劳而民佚,身后而民先,在上而民以生,在前而民以安。民以生,故戴之而不以为重;民以安,故后之而不以为患。是以天下推而上之,引而先之,喜而不倦,乐而不厌。故圣人之王也,非求民也,民求之也;非利民也,民利之也;非尚民也,民尚之也;非先民也,民先之也。故能极弊通变,救衰匡乱,以至太平;上配道德,下及神明;沧唐唐,含冥冥,驰天地,骋阴阳。夫何故哉?以去心意而后其身也。

是故不争之德,因人之力,与道变化,与神穷极,唯弃知者能顺其则。故王事自然,不得妄起;得之全命,持之有理;圣知有性,治之有道。失其理则王事不成，失其道则性情不则。是以圣人信道不信身，顺道不顺心；动不为己，先以为人；无以天下为，故天下争为之臣。

六十七章

天下皆谓我道大，似不肖。[1]夫唯大，故似不肖。[2]若肖，久矣[3]其细[4]也夫！[5]我有三宝，持而保之。[6]一曰慈，[7]二曰俭，[8]三曰不敢为天下先。[9]慈故能勇，[10]俭故能广，[11]不敢为天下先，[12]故能成器长。[13]今舍慈且勇，[14]舍俭且广，[15]舍后且先，[16]死矣！[17]夫慈，以战则胜，[18]以守则固。[19]天将救之，以慈卫之。[20]

[1]【河上公注】老子言：天下谓我德大，我则佯愚，似不肖。

[2]【河上公注】唯独名德大者为身害，故佯愚似若不肖，无所分别，无所割截，不贱人而自贵。

[3]【河上公注】肖，善也。谓辨慧也。若大辨慧之人，身高自贵，行察察之政，所从来久矣。

[4]【河上公注】言辨慧者，唯如小人也，非长者。

[5]【王弼注】久矣其细，犹曰其细久矣。肖则失其所以为大矣，故曰若肖久矣，其细也夫。

[6]【河上公注】老子言：我有三宝，抱持而保倚之。

[7]【河上公注】爱百姓若赤子。

[8]【河上公注】赋敛，若取之于己也。

[9]【河上公注】执谦退，不为倡始也。

[10]【河上公注】以慈仁，故能勇于忠孝也。

【王弼注】夫慈，以陈则胜，以守则固，故能勇也。

[11]【河上公注】天子身能节俭，故民日用广矣。

【王弼注】节俭爱费，天下不匮，故能广也。

[12]【河上公注】不为天下首先。

[13]【河上公注】成器长，谓得道人也。我能为道人之长也。

【王弼注】唯后外其身，为物所归，然后乃能立成器，为天下利，为物之长也。

[14]【河上公注】今世人舍慈仁，但为勇武也。

【王弼注】且，犹取也。

[15]【河上公注】舍其俭约，但为奢泰。

[16]【河上公注】舍其后己，但为人先。

[17]【河上公注】所行如此，动入死地。

[18]【王弼注】相愍而不避于难，故胜也。

[19]【河上公注】夫慈仁者，百姓亲附，并心一意，故以战则胜敌，以守卫则坚固。

[20]【河上公注】天将救助善人，必与慈仁之性，使能自营助也。

【指归】

物有同而异，有异而同，有非而是，有是而非。此君子之所以无患，而众庶之所以忧悲也。何以效之？庄子曰：日月之出入也同明，人之死生也同形，春秋之分也同利，玄圣之与野人也同容，通者之与闭塞也同事，道士之与赤子也同功。凡此数者，中异而外同，非有圣人，莫之能明。是以天下嫌疑，眩耀结构，纷缪是非；是以圣人似不肖。夫何故哉？得道之士，外亡中存，学以变情，为以治己；实而若虚，浑浑冥冥，若无所以；容疏言讷，貌朴而鄙；情达虚无，性通无有，寂泊无为，若无所止；遁名逃势，与神卧起，执道履和，物无不理；不合时俗，与天地反。众人僭伪，以直为丑；殊涂异指，谓之病矣。

夫小人则不然，博学多识，以钓智名；异行显功，以疑仁贤；诈世治俗，饰辞盛容；卑体阿顺，以揄爱恩；先指承意，以获众心；明党相结，多挟贼人；劳鲜而禄重，功寡而爵尊；国贫而家富，主微而身贵；动权生变，窃乘盛势，名号隆盛，震动境外；憍奢暴逆，纵恣不制，顺心而卑，情忏而夺；动丧民命，静生物秽，张目而物伤，开口而民害，此时俗之所荣而世之所谓肖者也。若然者，道德所离，神明所去，天地所憎，阴阳所恶，物类不比，民人不附；动无所终，静无所得，生为患害，死为福喜。众俗迷妄，浸以相导，所获者微。其日甚久。

故得道之士则不然，体虚积慈，视物如己；检形促容，归于微纤；玄默托后，不为物先；合和顺理，以应自然；动静与众反，出入异门户；不以勇勇，故不怒而天下恐；不以广广，故不施而天下往；不以先先，故不言而天下长。是故出慈入勇，出俭入广，释后且先，反和逆神，动违自然，福与之远，祸与之邻，大命以绝，神气散分，天地不能安，道德不能存。临死不觉，怨命尤天。非命薄也，非人贼也，安憍乐势，废道而尚力也。

夫慈之为行也，甚和以真；动得人力，静合天心；卑损弱小，为万物君；匡世救俗，和顺天人；战不可败，守不可攻。夫何故哉？天地并生，变化无穷。方战之日，地为之动，天为之震；天降变怪，地出风盲，鬼神并见，为敌起殃；佑我将相，助我万民，怒我士卒，以至群生；牛绝其纼，马绝其粮，飞禽拊翼，兽下而行；虎兕可战，攫鸟可将，敌人惊恐，伏甲受兵。

故贤佐胜将之立身也，不强不大，不坚不柔，刚弱畏武，敌即消亡。战则损心外意，崇体和平，辞小托后，动静应天；不以愠起怒，不以武兴兵，其欲胜敌，常以反行；计运无形，以收敌神，动因彼之所有，变因彼之所为，反之覆之，以处其奇。故使彼邪我正，彼言我听，彼怒我喜，彼动我静；开其所利，以利其命。用人则下之以言，示之以利，陈之以诚，使之自至。是以不争不求，以得民意，以顺民心；秉其要忌，彼人离散而我顺比。敌欲不亡而不能，我欲不存而不得。

当此之时，道为之元，德为之始，神明为经，太和为纪，清浊为家，万物为子，三光为佐，四时为辅，静为物根，动为化首，物类托之，无有患咎，德与天齐，久而不殆。自今及古，圣智之道，变化终始，自天

老　子

而王，皆由此矣。

六十八章

善为士者不武，[1]善战者不怒，[2]善胜敌者不与，[3]善用人者为之下。[4]是谓不争之德，[5]是谓用人之力，[6]是谓配天[7]古之极[8]。

[1]【河上公注】言贵道德，不好武力。

【王弼注】士，卒之帅也。武，尚先陵人也。

[2]【河上公注】善以道战者，禁邪于胸心，绝祸于未萌，无所诛怒也。

【王弼注】后而不先，应而不唱，故不在怒。

[3]【河上公注】善以道胜敌者，附近以仁，来远以德，不与敌争，而敌自服也。

【王弼注】不与争也。

[4]【河上公注】善用人自辅佐者，常为人执谦下也。

[5]【河上公注】谓上为之下也。是乃不与人争之道德也。

[6]【河上公注】能身为人下，是谓用人臣之力。

【王弼注】用人而不为之下，则力不为用也。

[7]【河上公注】能行此者，德配天也。

[8]【河上公注】是乃古之极要道也。

六十九章

用兵有言[1]：吾不敢为主[2]而为客[3]，不敢进寸而退尺。[4]是谓行无行，[5]攘无臂，[6]扔无敌，[7]执无兵。[8]祸莫大于轻敌，[9]轻敌几丧吾宝，[10]故抗兵相加，[11]哀者胜矣。[12]

[1]【河上公注】陈用兵之道。老子疾时用兵，故托己设其义也。

[2]【河上公注】主，先也，不敢先举兵。

[3]【河上公注】客者，和而不倡。用兵当承天而后动。

[4]【河上公注】侵人境界，利人财宝为进，闭门守城为退。

[5]【河上公注】彼遂不止，为天下贼，虽行诛之，不行执也。

【王弼注】彼遂不止。

[6]【河上公注】虽欲大怒，若无臂可攘也。

[7]【河上公注】虽欲仍引之，心若无敌可仍也。

【王弼注】行，谓行陈也。言以谦退哀慈，不敢为物先，用战犹行无行，攘无臂，执无兵，扔无敌也，言无有与之抗也。

[8]【河上公注】虽欲执持之，若无兵刃可持用也。何者？伤彼之民，罹罪于天，遭不道之君，愍忍丧之痛也。

[9]【河上公注】夫祸乱之害，莫大于欺轻敌家，侵取不休，轻战贪财。

[10]【河上公注】几，近也。宝，身也。欺轻敌者，近丧身也。

【王弼注】言吾哀慈谦退，非欲以取强，无敌于天下也。不得已而卒至于无敌，斯乃吾之所以为大祸也。宝，三宝也，故曰几亡吾宝。

[11]【河上公注】两敌战也。

[12]【河上公注】哀者慈仁，士卒不远于死。

【王弼注】抗，举也。加，当也。哀者，必相惜而不趣利避害，故必胜。

【指归】

道无不有，有无不为，体和服弱，括囊大威，生育群类，莫有能违，无有形象，为万物师。得之者安，失之者危，天地体之，久而不衰。何以効之？庄子曰：夫阴而不阳，万物不生；阳而不阴，万物不成。由此观之，有威无德，民不可治；有德无威，宗庙必倾；无德无威，谓之引殃，遭运时变，身死国亡。故人主者，国之腹心也；兵者，国之威神也。夫天地之间，万国并兴，小大愚智，皆愿为君；智尽而服，力屈乃穷，非有余力而屈膝乐为人臣也。是以明王圣主，放道効天，清静为首，和顺为常，因应为始，诚信为元，名实为纪，赏罚为纲。左德右威，以应不祥，天下仰制，莫能毁伤，故国可保而民可全也。

夫德之与兵，若天之与地、阴之与阳，威德文武，表里相当，隐之玄域，不得已而后行。故人君失道，好战自损，正事不修，邪事作起，强大憍奢，纪灭纲弛；雕琢宫室，盈饰狗马，高台大囿，声色在后；刳屠忠谏，尊宠姣好，简傲宗庙，欺侮诸父，残贼暴虐，孤人稚子；反逆天地，刑戮阴阳，黥劓道德，破碎神明，和气溃浊，变化不通，冬雷夏霜，万物夭伤；纵横击搏，谋图不详，大国惊怖，小国奔亡；老弱离散，啼哭而行，天下愤怨，万民思兵，相率而起，我为后行。夫何故哉？惟彼先祖，皆有神明之德通于天地，圣智之劳加于万民，故剖符丹书，受土赐姓，列为君王，光显祖考，业流子孙，是天地之心，万载之功。而继体者不务屈身厉节、摩精炼神、修行德以奉其先，乃忽小善而易小恶，日以消息，月以陵迟，宗庙崩弛，国为丘墟，族类离散，长无所依，鬼神孤魂，无所栖息。嗟夫！岂不哀哉！

是以喻我豪俊，说我士卒，卷甲释兵，且令休息，激役心移，幸于反覆，改过自新，变容易则。遂往不反，为天下贼；百姓穷极，财殚力屈，海内之忧，日以长息；苍天降应，祸集其国，虽欲未诛，自然不得，天人同心，我不能克。故事为而神否，身往而志还；形反我志，事逆我身，悲彼先圣，伤彼万民。无罪于天，遇此何辜？虽曰忽然，民命在兵。

发号申令，效以信诚；先服者赏，后服者伤，小下者利，大下者昌；坏邑者爵，降城者封，城邑不下，未克勿丧；有罪者免，有能者官，老弱得养，死者得葬；德泽洽润，恩爱流行，慈惠和结，众情发扬；默然为之，神气相通，彼三军与我同心，奸为我使，盗为我工；教我以其计虑，告我以其地形，因其所有，奇变乃通；法律不苛，险阻虚空，天人相得，胜出若神；前无留敌，计谋不丧，敌虽众多，与我构因，两军相距，前若无人。战虽万全，敌不可易，易敌生奸，亡时失利，福去祸来，为天为疾。

是故虽获天佑，得人之助，犹守之以忧，持之以畏，出险乘虚，宿舍有备，休息处便，必依水草，填隙塞恶，与敌相距，变运无形，奇出无朕，错胜无穷，功战无有，深微官官，变化无始。自我亲近，不知我之所为，彼之知力，何得于己？故在家者晏然而乐，在师者欣然而喜；人怀至诚，若为其子，去家越境，若众趋市；疾耕力织，暮休早起，奇入模列，不敢独有，以供师徒，如奉父母；悬权争胜，敌人不起，未战而海内正，不攻而诸侯下；天地覆载，日月所照睹，皇皇莫莫，各安其土。夫何故哉？慈哀发动，因天之心，不敢由于我也。

七十章

吾言甚易知，甚易行，[1]天下莫能知，莫能行。[2]言有宗，事有君。[3]夫唯无知，是以不我知。[4]知我者希，则我者贵，[5]是以圣人被褐怀玉。[6]

[1]【河上公注】老子言：吾所言，省而易知，约而易行。

[2]【河上公注】人恶柔弱，好刚强也。

【王弼注】可不出户窥牖而知，故曰甚易知也。无为而成，故曰甚易行也。惑于躁欲，故曰莫之能知也。迷于荣利，故曰莫之能行也。

[3]【河上公注】我所言有宗祖根本，事有君臣上下。世人不知者，非我之无德，心与我反。

【王弼注】宗，万物之宗也。君，万物之主也。

[4]【河上公注】夫惟世人也，是我德之暗，不见于外，穷极微妙，故无知也。

【王弼注】以其言有宗，事有君之故故有知之人不得不知之也。

[5]【河上公注】希，少也。惟达道者乃能知我，故为贵也。

【王弼注】唯深，故知者希也。知我益希，我亦无匹，故曰知我者希，则我者贵也。

[6]【河上公注】被褐者薄外，怀玉者厚内，匿宝藏怀，不以示人也。

【王弼注】被褐者，同其尘。怀玉者，宝其真也。圣人之所以难知，以其同尘而不殊，怀玉而不渝，故难知而为贵也。

【指归】

夫无形无声而使物自然者，道与神也；有形有声而使物自然者，地与天也。神道荡荡而化，天地默默而告；荡而无所不化，默而无所不告；神气相传，感动相报；反沦虚无，甚微以妙；归于自然，无所不导。故言言之言者，自然之具也；为为之为者，丧真之数也；无为无言者，成功之至而长存之要也。是以圣人言不言之言，为不为之为；言以绝言，为以止为。绝言之道，去心与意；止为之术，去人与智。为愚为惷，无知无欲。无欲则静，静则虚，虚则实，实则神。动归太素，静归自然，保身存国，富贵无患，群生得志，以至长存。此言之易知而事之易行者也，而天下莫能知莫能行也。

夫何故哉？世主好知，务顺其心，不睹大道，不识自然，以为为为，以言言言，息知生事，以趋所安，寝以为俗，终世被患；性变情易，深惑远迷，精浊神扰，外实内虚；强默生咎，强静生患，故视之而不见，告之而不闻，非以自嫉，以为不然。

夫圣人之言，宗于自然，祖于神明，常处其反，在默言之间，甚微以妙，归于自然。明若无见，听若无闻，通而似塞，达而似穷。其事始于自然，流于神明，常处其和，在为否之间。清静柔弱，动作纤微，简易退损，归于无为。

虚无以合道，恬泊以处生，时和以固国，玄教以畜民；养以无欲，导以自然，赠以天地，赐以山川；富以年岁，贵以有身，虞以无忧，宁以无患；无欲之不得，无乐之不存，民若无主，主若无民；亡于知力，依道倚天，万国和顺，并为一君，是事之盛而业以隆者也，而天下谓之不然。

夫世之莫我知者，非我道小而不足以知也，又非我之事薄而不足为也，又非世之好败恶成、喜祸乐患而故不我从也，天性与我反，情欲与我殊。智陷于情欲，终世溺于所闻，神气不我我，而心意不我然。故其明不我能见，聪不我能闻。是以深言反而受谤大，行远而得毁，独见之明不用于世，独闻之聪见羞于民；事顺神明者不合于俗，功配天地者不悦于众。

　　夫至论大言者，总百变，要万方，剖判亳厘之内，明显虚无恍惚之外，周密无间归于潒昧，此乃小节之士所不能闻，而隅曲之人所不能逮也。夫鸿鹄高飞，终日驰骛，而不知宇宙之外；制法之人、拘教之士，累年学问，终身谈论，而不知道德之大也。且神明有所不能领，天地有所不能理，况乎守众世之论，不睹大要之所由，不亦宜乎？是故众俗之薄贱，而得道之所独遵也。

　　是以圣人知而弗为，能而不任，仁义而不以为号，通达而不以为名，坚强而不以为显，高大而不以为荣；言不可闻，动不可形，心若江海，志若苍天，废为以立道，损善以益性；寂然荡荡，莫之能明，皎然昭昭，莫睹其情；颓然默默，魁然独存，薄外厚内，贱己卑名，去众离俗，与道为常。

七十一章

知不知，上；^[1]不知知，病。^[2]夫唯病病，是以不病。^[3]圣人不病，以其病病，^[4]是以不病。^[5]

[1]【河上公注】知道言不知，是乃德之上。

[2]【河上公注】不知道言知，是乃德之病。

【王弼注】不知知之不足任，则病也。

[3]【河上公注】夫唯能病苦众人有强知之病，是以不自病也。

[4]【河上公注】圣人无此强知之病者，以其常苦众人有此病。

[5]【河上公注】以此非人也，故不自病。夫圣人怀通达之知，托于不知者，欲使天下质朴忠正，各守纯性。小人不知道意，而妄行强知之事以自显著，内伤精神，减寿消年也。

【指归】

道德之教，自然是也；自然之验，影响是也。凡事有形声，取舍有影响，非独万物而已也。夫形动不生形而生影，声动不生声而生响，无不生无而生有，覆不生覆而生反。故道者以无为为治，而知者以多事为扰，婴儿以不知益，高年以多事损。由此观之，愚为智巧之形也，智巧为愚之影也；无为，遂事之声也，遂事，无为之响也；智巧，扰乱之罗也，有为，败事之网也。

故万物不可和也，天地不可适也。和之则失和，适之则失适。弗和也而后能和之，弗适也而后能适之。故安世不知危，乱世不知治，若影随形无所逃之也，不动求响无所得之也。故知而绝知，不困于知；不知用知，亦不困于知。其所以不困则异矣，而于为不困则一也。

是故圣人，操通达之性，游于玄默之野，处无能之乡，托不知之体；寂若虚空，奄忽如死，心无所图，志无所治；聪明运动，光耀四海，涂民耳目，示以无有；庖厨不形，声色不起，知故不生，祸乱息矣。不言而宇内治，无为而天下已。民俯而无放，仰而无效，敦慤忠正，各守醇性，惆惆洋洋，皆终天命。死者无谥，生者无号，若此相继，亿万无量。其次，情无所乐，性无所喜，心无所安，志无所利；疾不知孝，病不知弟，既不睹仁，又不识义；无有典礼，守其贞干，一如麋鹿，一如鸿雁；不在忧喜，亦不离乱，若盲若聋，无所见闻；主无宫室，民无城郭，国无制令，世无耻辱。

病故不病，与道相托；不言不为，威德自作；天地和顺，浑沌磅礴；涽若浊流，焕若严客；人物皆愚，归于寂寞；动无形彎，静无圻堮；主民俱昌，天下哑哑；亡于小利，而享大福；默而治者，计不能计，而度不能度。

何以效之？夫道德废，淳朴亡，奇物并作，知故流行；礼节起，分度明，万物有条贯，百事有纪纲；封疆画界，治邑屋，州乡里，国有忠臣，家有孝子；录内略外，双身为友，损彼益此，务以相厚；疆大重垒，小弱亡有，郊祀天地、名山大水。封于太山，禅于梁父，流渐相承，或然或否；断狱万数，黥人满道，臣杀其君，子杀其父，亡国破家，不可胜数；天下享其知故之利，获于死亡之咎。由此观之，绝知为福、好知为贼亦明矣。故使有德之君，变志易心、生息万事以教其民，祷祝请福以至大治者，自然不听也。使彼亡国之君废智去欲、绝为止事、修道行德、弃其心意而欲死亡者，形亦不从也。

是故趋舍废置，王道之形声也；吉凶存亡，趋舍之影响也。夫圣人所以能动与天和，静与道合，既能保身，又能全国，翱翔乎有为之外，优游乎无事之内，取福于纤妙之中，而舒于四海之外，丧明者之目，杜知者之口，窒聪者之耳，折巧者之手，与时相随，与和俯仰，不为而自成，不教而民治，恩加走兽，泽及飞鸟者，以其损聪弃智、废为而任道也。

是以顺情从欲，穷极心意，动导天地，静陶万事，神灵在己，不察不燎，身不降席而万国自备，虽欲不亡，自然不置也。

七十二章

民不畏威，则大威至。[1]无狎其所居，[2]无厌其所
生。[3]夫唯不厌，[4]是以不厌。[5]是以圣人自知[6]不自见，[7]
自爱[8]不自贵，[9]故去彼取此。[10]

[1]【河上公注】威，害也。人不畏小害则大害至，谓死亡也。畏之
者当爱精神，承天顺地也。

[2]【河上公注】谓心居神，当宽柔，不当急狭也。

[3]【河上公注】人所以生者，为有精神。托空虚，喜清净，饮食不
节，忽道念色，邪僻满腹，为伐本厌神。

【王弼注】清静无为谓之居，谦后不盈谓之生。离其清净，行其躁
欲，弃其谦后，任其威权，则物扰而民僻，威不能复制民。民不能堪其
威，则上下大溃矣，天诛将至，故曰民不畏威，则大威至。无狎其所居，无
厌其所生，言威力不可任也。

[4]【王弼注】不自厌也。

[5]【河上公注】夫唯独不厌精神之人，洗心濯垢，恬泊无欲，则精
神居之不厌也。

【王弼注】不自厌，是以天下莫之厌。

[6]【河上公注】自知己之得失。

[7]【河上公注】不自显见德美于外，藏之于内。

【王弼注】不自见其所知，以光耀行威也。

[8]【河上公注】自爱其身，以保精气也。

[9]【河上公注】不自贵高荣名于世。

【王弼注】自贵,则物狎厌居生。

[10]【河上公注】去彼自见自贵,取此自知自爱。

【指归】

道德之旨,神明之务,太和之心,天地之意,祸莫甚乎亡,福莫甚乎存。非独天道,人物亦然。故存身之道莫急乎养神,养神之要莫甚乎素然。常体忧畏,栗栗震震。失神之术,本于纵恣;丧神之数,在于自专。故太上畏道,其次畏天,其次畏地,其次畏人,其次畏身。昌衰吉凶,皆由己出,不畏于微,必畏于章,患大祸深,以至灭亡。忧畏元始,至于无形,戒慎未兆,其道大光,动得所欲,静得所安,福禄深微,沦于无方。

正言若反,明而若昏,辽远潢洋,莫之能闻。伺命在我,何求于天?至福似祸,大吉若凶,天下醉饱,莫之能明。是以世俗见近闻浅,不识宵冥之道,蔽于微妙之常,塞于神明之理;察于毫毛之利,不睹丘山之祸,肆情行态,无所畏忌;言顺所然,行顺所善,力能而取,心顺妄与,骄奢恣睢,自专损己;忠信所爱,欺殆父母,侵凌天地,简傲其主,将顺情欲,以违天道,故起巧立名,以代其身;施惠流恩,以获大咎;遁福天外,追患四海,福德求之不能得矣,患奔祸驰无所逃矣,大威以至,乃始为善。当此之时,道德不能救,天地不能解。非天之罪也,乐高喜大,负威任势,忘忧失畏,不求于己也。

故忧于己者不恐于人,畏于己者不制于彼;顺于小者不惧于大,诚于近者不悔于远。是以不小其位而居之以敏,不薄所处而厚修其礼,不苦卑微而革其大始,不厌困危而绝其所以。乐穷如达,安死如寿,虽欲且留,亦不得久。

何以明之?庄子曰:天地之道,始必有终,终必有始,阳气安于潜龙,故能铄金;阴气宁于履霜,故能凝冰;木善秋毫,故能百寻;水乐滑滑,故能成海;飞禽逸于卵鷇,故能高翔;群兽预于胎挑,故能远走。是以圣人智达无穷,能与天连,变化运动,洞于大常,犹以积德重厚,释心意，隐聪明，忧于涸辀，畏于无形。审端匿迹，遁貌逃情，反于虚无，归于玄冥。身重天地而不自高，德大阴阳而不自彰，托微处寡，后下万民，饮食无味，衣服无文，方于自饰，志不敢淫，秉道操德，与物浮沉，养民如子，遇众若君，德归之天，功移于人，天下辞让，恩厚固深，故祸不能祸而患不能患，福不能逃而德不能遁，非道有私而天地偏也，戒始慎微，和弱忠信，奉道顺天，与物相参，忧畏得意，安乐困穷，成败存亡，求之于身。

七十三章

勇于敢则杀，^[1]勇于不敢则活。^[2]此两者，^[3]或利或害，^[4]天之所恶，^[5]孰知其故？^[6]是以圣人犹难之。^[7]天之道，不争而善胜，^[8]不言而善应，^[9]不召而自来，^[10]繟然而善谋。^[11]天网恢恢，疏而不失。^[12]

[1]【河上公注】勇敢有为，即杀身也。

【王弼注】必不得其死也。

[2]【河上公注】勇于不敢有为，则活其身。

【王弼注】必齐命也。

[3]【河上公注】谓敢与不敢也。

[4]【河上公注】活身为利，杀身为害。

【王弼注】俱勇而所施者异，利害不同，故曰或利或害也。

[5]【河上公注】恶有为也。

[6]【河上公注】谁能知天意之故而不犯？

[7]【河上公注】言圣人之明德犹难于勇敢，况无圣人之德而欲行之乎？

【王弼注】孰，谁也。言谁能知天下之所恶意故邪？其唯圣人。夫圣人之明，犹难于勇敢，况无圣人之明而欲行之也，故曰犹难之也。

[8]【河上公注】天不与人争贵贱，而人自畏之。

【王弼注】天唯不争，故天下莫能与之争。

[9]【河上公注】天不言，万物自动以应时。

【王弼注】顺则吉，逆则凶，不言而善应也。

[10]【河上公注】天不呼召万物皆负阴而向阳。

【王弼注】处下则物自归。

[11]【河上公注】繟，宽也。天道虽宽博，善谋虑人事，修善行恶，各蒙其报也。

【王弼注】垂象而见吉凶，先事而设诚，安而不忘危，未召而谋之，故曰繟然而善谋也。

[12]【河上公注】天所网罗恢恢甚大，虽疏远，司察人善恶，无有所失。

【指归】

天地之道，生杀之理，无去无就，无夺无与，无为为之，自然而已。正直若绳，平易如水，因应效象，与物俱起；损益取舍，与事终始，深浅轻重，万物自取；殊形异类，各反其所。生为杀元，杀为生首，二者相形，吉凶著矣。故知生而不知杀者，逆天之纪也；知杀而不知生者，反地之要也。故喜怒有分，生杀有节，受天之殃，得地之罚。当怒不怒，子为豺狼，弟为兕虎；当斗不斗，妻为敌国，妾为大寇；当杀不杀，受天之害，为物所制；当喜不喜，蒙天之灾，获地之咎；当生不生，人君失国，庶人没命。

故君子杀人如杀身，活人如活己，执德体正，不得已而后然，存身宁国在于生杀之间。生杀得理，天地佑之；喜怒之节，万物归之。故刚毅质直，操击深酷，疾邪养正，勇敢先失；达于守战，明于开塞，长恣美快，安静乐杀；便国利民，不避强大，威振百蛮，权倾境外，得善之半也。柔弱畏敬，恐情损言，深思远虑，临正讨怨；务长寡和，博厚积恩，利而不害，以明其善；与而不夺，以显其名，赏而不罚，以立其惠，生而不杀，以成其仁，得善之半。凡此二功，勇敌敢均，计策桀驰，射身相非，与天异意，与地异心，奋情舒志，各肆所安，或以千乘变为亡虏，或以匹夫化为君王。故物或生之而为福，或生之而为祸，或杀之而为福，或杀之而为贼。二者深微，莫能穷测。

故生之而为福者，天下之所佑；生之而为祸者，天下之所恶也。养天下之所恶者，伤天下之所佑；养天下之所佑者，伤天下之所恶。一反一覆，或为玄德；一覆一反，或为玄贼。父事天地，子孙是得。故长养而后世昌者，生当生也；生物而后亡者，生当亡也；杀戮而福至者，杀当亡也；丧物而祸来者，杀当生也。天之所恶，不敢活也；天之所佑，不敢杀也；天之所损，不敢与也；天之所益，不敢夺也。是故敢于不敢者之敢，动与天同符，静与地同极。天心所恶，莫之能辨。

夫天地之道，一阴一阳，分为四时，离为五行，流为万物，精为三光。阳气主德，阴气主刑，覆载群类，含吐异方；玄默无私，正直以公，不以生为巧，不以杀为功；因应万物，不敢独行，吉之与吉，凶之与凶；损损益益，杀杀生生，为善者自赏，造恶者自刑。故无为而物自生，无为而物自亡，影与之交，响与之通；不求而物自得，不拘而物自从，无察而物自显，无问而物自情。故不争而无所不胜，不言而无所不应，不召而无所不来，寂然荡荡，无所不图。惚恍之罗设，而无状之网施，泛淫纩漠，辽远留迟，密察无间，与物推移。故在前而不可远，在后而不可先，静作而不可闻，进退而不可见，终始祸福，吉凶自反，非出天外，莫之能遁也。

七十四章

民不畏死，^[1]奈何以死惧之？^[2]若使民常畏死，^[3]而为奇者，吾得执而杀之，孰敢？^[4]常有司杀者杀，^[5]夫代司杀者杀，是谓代大匠斫。^[6]夫代大匠斫者，希有不伤其手矣！^[7]

[1]【河上公注】治国者刑罚酷深，民不聊生，故不畏死也。治身者嗜欲伤神，贪财杀身，民不知畏之也。

[2]【河上公注】人君不宽刑罚，教民去情欲，奈何设刑法，以死惧之？

[3]【河上公注】当除己之所残克，教民去利欲也。

[4]【河上公注】以道教化而民不从，反为奇巧，乃应王法执而杀之，谁敢有犯者？老子伤时王不先道德化之，而先刑罚。

【王弼注】诡异乱群谓之奇也。

[5]【河上公注】司杀者，天。居高临下，司察人过，天网恢恢，疏而不失也。

[6]【河上公注】天道至明，司杀有常。犹春生夏长，秋收冬藏，斗杓运移，以节度行之。人君欲代杀之，是犹拙夫代大匠斫木，劳而无功也。

[7]【河上公注】人君行刑罚，犹拙人代大匠斫，则方圆不得其理，还自伤。代天杀者失纪纲，不得其纪纲，还受其殃也。

【王弼注】为逆，顺者之所恶忿也；不仁者，人之所疾也，故曰常有司杀也。

【指归】

人之情性，不知而忠信，有知而诞谩；得意而安宁，失意而图非；

穷困而轻死,安宁而爱身。何以明之? 庄子曰: 夫婴儿未知而忠信于仇雠,及其壮大有识,欺殆兄嫂。三军得意则下亡虏,穷豀之兽不避兕虎。其性非易,事理然也。由此观之,民心不得、性命不全,则号令不能动也;忧愁惨怛、乐非轻死,则刑罚不能恐也。是故好知之君,忧世劳民;祭燎天地,除祸去患,招善请福,祷祝鬼神,变化万事,动以悦民;家知户辨,里有仁贤,违天之象,专任人心;以所见为明,以所论为当,废名实,背事情,道理塞,而非誉兴;天下大扰,百姓遑遑,劳苦疲极,困穷生奸;敢败者荣而有功,轻死者肥而安宁,积善者瘦而多忧,畏法者饥而多患,寡弱者苦而思死,众强者乐而君王。是以天下趋名争势,不计是非,析毫剖芒,视死如归,乃始告峻法严刑,则是禁以所易而制以所轻也。故刑戮并作,奸邪不止;赏禄施行,而大臣不使;万民不附,诸侯不市;国非其国,身非其身也。

是以圣人之牧民也,人主无为而民无望,民无获而主无丧也;其业易得而难失也,其化难犯而易行也,其衣易成而难弊也,其食易足而难穷也。故天下除嗜废欲、乐生恶死者,皆重其神而爱其身,故形可制而势可禁也。是以俊雄英豪达通之人,不敢作福,不敢起威。故法立而不用,赏设而不施。夫何故哉? 身重天地,物轻鸿毛,法峻刑严,知不敢淫也。

是故帝王之道,无事无为,目无所视,耳无所听,心无所图,口无所言;前后左右各有所任,因应以督,安其成功;授以所怀,归以所行,爵加明主,禄施进贤;作福者身死,窃威者宗亡,百官趋职,主无与焉。释臣任主,则疏远隐匿,亲近尊显,君道隔塞,政事亡矣;威严两立,邪伪并起,陪臣升进,君者得咎;君之威势灭而不扬,奸雄豪特令行禁止;百姓冤结,万方失理,忠臣悲忧,佞巧大喜,名实失当,赏罚妄举,是犹使尸起哭而代大匠斲也。

夫死人无为而子弟悲者,以为死而不为哭也;不与方圆而处大堂者,任大匠而身无作也。使尸起哭,则哭者亡;主人代匠斲,则功不成。是以明王圣主,正身以及天,谋臣以及民。法出于臣,秉之在君;

令出于君，饰之在臣。臣之所名，君之所覆也；臣之所事，君之所谋也。臣名不正，自丧大命。故君道在阴，臣道在阳；君主专制，臣主定名；君臣隔塞，万事自明。故人君有分，群臣有职；审分明职，不可相代；各守其圆，大道乃得，万事自明，寂然无事，无所不克。臣行君道，则灭其身；君行臣事，必伤其国。

七十五章

民之饥，以其上食税之多，[1]是以饥。[2]民之难治，以其上之有为，[3]是以难治。[4]民之轻死，以其上求生之厚，[5]是以轻死。[6]夫唯无以生为者，是贤于贵生。[7]

[1]【河上公注】人民所以饥深者，以其君上税食下太多。

[2]【河上公注】民皆化上为贪，叛道违德，故饥。

[3]【河上公注】民之不可治者，以其君上多欲，好有为也。

[4]【河上公注】是以其民化上有为，情伪难治。

[5]【河上公注】人民轻犯者者，以其求生活之道太厚，贪利以自危。

[6]【河上公注】以求生太厚之故，轻入死地也。

[7]【河上公注】夫唯独无以生为务者，爵禄不干于意，财利不入于身，天子不得臣，诸侯不得使，则贤于贵生也。

【王弼注】言民之所以僻，治之所以乱，皆由上不由其下也，民从上也。

【指归】

道德之生人也，有分；天地之足人也，有分；侯王之守国也，有分；臣下之奉职也，有分；万物之守身也，有分。禀受性命，陶冶群形；开导心意，己得以生；藏府相承，血气流行；表里相应，上下相任；屈伸便利，视听聪明，道德之所以分人也。含吐覆载，云行雨施；雷风动作，日月更代；春生夏长，秋收冬藏；阴阳和洽，万物丰盛；民人动作，皆足以生，天地之所以分人也。因道修德，顺天之则；竭精尽神，趣时不息；抱信效素，归于无极；纤微损俭，为天下式；各守其名，皆修其德；乐生安俗，四海宾服，侯王之所以守任也。大通和正，直方不曲；忠信顺从，奉其分职；善善恶恶，不变名实；不小其位，不贱其服，臣下之所以守员也。小心敦朴，节俭强力；顺天之时，尽地之力；适形而衣，和腹而食；日出而作，日入而止；不薄所处，不厌所食，万民之所以守其身也。动静失和，失道之分；耕织不时，失天之分；去彼任己，失君之分；创作知伪，失臣之分；衣食不适，失民之分。失道之分，性不可然；失天之分，家不可安；失主之分，国不可存；失臣之分，命不可全；失民之分，身不可生。

守分如常，与天地通，损己余分，与道俱行，祭祀不绝，后世繁昌。过分取大，身受不祥，重累相继，后世有殃。此古人之所以弃损形骸、饥寒困穷者，以其动静不和，耕织不时，适情顺性，嗜欲不厌，食穷五味，衣重文彩，丽靡奢淫不知畏天，功劳德厚不刮其分，衣食之费倍取兼人也。是以身获其患，事及子孙。故布衣弊而不周，疏食乏而不厌。百姓之所以偷利化恶、公废私行，营家者富，图国者贫，直者先死，廉者困穷，风流俗败，是伪非真，毫乱丰扰，君子深藏，众寡相暴，强弱相凌，贫者臣役，富家如王，以其淫主乱君不睹自然，反情纵欲，违道去天，饰知创作以顺其心也。以是淳消朴灭，巧故孳生；奇物日进，不可胜形；佞谄亲幸，邪伪者封；臣术大胜，君道浸壅；弊欺之路饰，灭危之患生；忠正之士疏而日远，诈世之人群而并翔；煞人不死，奸禁不论；权立势行、威动三军。目之所视、意之所指，应声而至。在所欲存，俱过于世，或如彼，或如此，恍惚恛恛，存不如亡，生不如死；志勇胆横，瞋目相视，君臣相谋，父子相揆，汤镬不能畏，铁钺不能止。民之所以细其命而大财宝、乘危狭、触重禁、赴白刃、冒流矢，不顾其身，得利为右者，以其欲名之荣而求生之厚也。是以失财亡爵，或伤肠折肝，狂易绞颈，损精弃神，心常乐死，擢刃自刑，或赴深水。是以自然之道，常与物反，无身者生，有身者死；趋利者逢患，求福者得祸；不召自来，不迎而遇。我虽欲勿，然世不得解。故生生趋利，为死之元也；无身去利，为生之根也；雌下无名，可以无患；卑贱污辱，可以无咎；蔬食藜羹，可以长厌；布衣鹿裘，可以长好；无以民为，可以康宁；无以生为，可以长久。

是故能除分损己，至于无取，卧则如尸，立则如表，不异变化，不殊生死，不贵侯王，不贱奴虏；唯在所遇，听造化者，煞之不忧，生之不喜，然后与道为人，与天地友，长生久视，终而复始，富贵无期，为天下市。

七十六章

人之生也柔弱，[1]其死也坚强。[2]万物草木之生也柔脆，[3]其死也枯槁。[4]故坚强者死之徒，柔弱者生之徒。[5]是以兵强则不胜，[6]木强则兵。[7]强大处下，[8]柔弱处上。[9]

[1]【河上公注】人生含和气，抱精神，故柔弱也。

[2]【河上公注】人死和气竭，精神亡，故坚强也。

[3]【河上公注】和气存也。

[4]【河上公注】和气去也。

[5]【河上公注】以其上二事观知之，知坚强者死，柔弱者生也。

[6]【河上公注】强大之兵轻战乐杀，毒流怨结，众弱为一，强故不胜。

【王弼注】强兵以暴于天下者，物之所恶也，故必不得胜。

[7]【河上公注】木强大枝弱，共生其上也。

【王弼注】物所加也。

[8]【王弼注】木之本也。

[9]【河上公注】兴物造功，大木处下，小物处上。大道抑强扶弱，自然之效。

【王弼注】枝条是也。

【指归】

有物俱生，无有形声，既无色味，又不臭香；出入无户，往来无门，上无所蒂，下无所根；清静不改，以存其常，和淖纤微，变化无方，与物糅和，而生乎三；为天地始、阴阳祖宗，在物物存，去物物亡，无以名之，号曰神明。生于太虚，长于无物，禀而不衰，授而不屈，动极无穷，静极恍惚；大无不包，不无不入，周流无物之外，经历有有之内；天奔地驰而不能及，阴骋阳骛而不能逮，响穷竭而不能应，影靡散而不能类；取而不能以息，予而不能以费，去取有分，无所憎爱；留柔居弱，归于空虚，进退屈伸，常与德俱；为道先倡，物以疏瞿，受多者圣智，得少者痴愚。故神明圣智者，常生之主也；柔弱虚静者，神明之府也。

夫神明之在人也，得其所则不可去，失其所则不可存，威力所不能制，而智慧所不能然；苟能摄之，富贵无患，常在上位，久而益安。是以人始生也，骨弱筋柔，血气流行，心意专一，神气和平；面有荣华，身体润光，动作和悦，百节坚精；时日生息，旬月聪明。何则？神居之也。及其老也，骨枯筋急，发白肌羸，食饮无味，听视不聪；气力日消，动作日衰，思虑迷惑，取舍相违。及其死也，形槁容枯，舌缩体伸。何则？神去之也。草木之始生也，枝条润泽，华叶青青，丰茂畅美，柔弱以和。何则？阳气存也。其衰也，华叶黄悴，物色焦殃。及其死也，根茎枯槁，枝条坚刚。何则？阳气去之也。

故神明所居，危者可安，死者可活也；神明所去，宁者可危，而壮者可煞也。阳气之所居，木可卷而草可结也；阳气之所去，气可凝而冰可折也。故神明、阳气，生物之根也；而柔弱，物之药也。柔弱和顺，长生之具而神明、阳气之所托也。万物随阳以和弱也。故坚强实满，死之形象也；柔弱滑润，生之区宅也。凡人之性，憎西邻之父者，以其强大也；爱东邻之儿者，以其小弱也；燔烧枯槁者，以其刚强也；簪珥荣华者，以其和淖也。

是故上无天子，诸侯相侵，故国争权，举兵相临，柔弱者胜，坚强者穷。夫何故哉？强大之兵，非以顺天地、本和弱、主慈爱、诛骄暴、救不足、破贪叨也。将恃国家之势、民人之众，好起功名，劾其熊故，利人壤土，欲人财货，乐杀安伤，夷人宗庙，丧人社稷，以显其威重。屈约而畏下，乘人之利，而申其志；亲之者死，事之者祸；咎责绝逆人心，煞戮不合天意；生而天下病，死而天下利；众弱为一，同忧共谋，虽有强名，实不得胜。夫何故哉？毒流死结，天道不佑也。

何以明之？昔强秦大楚，灭诸侯，并郡邑，富有国家，贵为天子，权倾天下，威振四海，尊宠穷极，可谓强矣！垂拱而诸侯忧，蹻足而天下恐，发号而天下悲，举事而神明扰，亡国破家，身分为数。夫何故哉？去和弱而为刚强也。及至神汉将兴，邂逃龙隐，万民求之遂不得免。父天母地，爱民如子；赏功养善，师于天士；当敌应变，计如江海；战胜攻取，降秦灭楚；天下欣欣，立为天子。夫何故哉？顺天之心而为慈小也。

非独人事，万物然矣。夫巨木高百寻，大连抱，头剖中门，尾判中户，不蒙华实，常在于下，千枝万木，舒条布叶，青青葱葱，共生其上者，以其形大而势强也。是故神明之道、天地之理，小不载大，轻不载重。故强人不得为王，强木不得处上。何则？强人为王，万国愁忧；强木处上，则根本枯槁。众人为大故居下，圣人为小故居上。强大居下，小弱居上者，物自然也。

七十七章

天之道，其犹张弓与？[1]高者抑之，下者举之，有余者损之，不足者补之。[2]天之道，损有余而补不足。[3]人之道则不然，[4]损不足以奉有余。[5]孰能有余以奉天下？唯有道者。[6]是以圣人为而不恃，[7]功成而不处，[8]其不欲见贤。[9]

[1]【河上公注】天道暗昧，举物类以为喻也。

[2]【河上公注】言张弓和调之，如是乃可用。夫抑高举下，损强益弱，天之道也。

[3]【河上公注】天道损有余而益谦，常以中和为上。

[4]【河上公注】人道则与天道反也。

【王弼注】与天地合德，乃能包之，如天之道。如人之量，则各有其身，不得相均。如惟无身无私乎？自然，然后乃能与天地合德。

[5]【河上公注】世俗之人损贫以奉富，夺弱以益强也。

[6]【河上公注】言谁能居有余之位，自省爵禄以奉天下不足者乎？唯有道之君能行也。

[7]【河上公注】圣人为德施，不恃其报也。

[8]【河上公注】功成事就，不处其位。

[9]【河上公注】不欲使人知己之贤，匿功不居荣名，畏天损有余也。

【王弼注】言唯能处盈而全虚，损有以补无，和光同尘，荡而均者，唯其道也，是以圣人不欲示其贤以均天下。

【指归】

天地未始，阴阳未萌，寒暑未兆，明晦未形，有物三立，一浊一清，清上浊下，和在中央。三者俱起，天地以成，阴阳以交，而万物以生，失之者败，得之者荣。夫和之于物也，刚而不折，柔而不卷，在天为绳，在地为准，在阳为规，在阴为矩；不行不止，不与不取，物以柔弱，气以坚强，动无不制，静无不与。故和者，道德之用、神明之辅、天地之制、群生所处、万方之要、自然之府、百祥之门、万福之户也。故智者见之谓之智，仁者见之谓之仁，天下以之，日夜不释，莫之能睹。

夫何故哉？以其生物微而成事妙也。是以天地之道，不利不害，无为是守；大通和正，顺物深厚；不虚一物，不主一所；各正性命，物自然矣。故盛者自毁，张者自弛；隐者自彰，微者自显；不足者益，有余者损；存者自亡，生者自死；是非自反，吉凶自取。损不可逃，益不可距，祸无常留，福无常处，各受一分，不得兼有。故鳞者无毛，毛者无羽；触者无牙，角者无齿；见于昼者灭于夜，得于前者失于后，再便重利，未之尝有。不大不小，固一不变，已中其网，不可得解。是以日中而昃，月满而缺，四时变化，一消一息。高山之下，必有深谷，大泉之流，必有激波；烁金汤石，存于凝冰；裂地之端，阴阳所成，百工所为，靡不由然。

夫弓人之为弓也，既杀既生，既翕既张，制以规矩，督以准绳。弦高急者，宽而缓之；弦弛下者，摄而上之；其有余者，削而损之；其不足者，补而益之；弦质相任，上下相权，平正为主，调和为常，故弓可抨而矢可行也。

夫按高举下，损大益小，天地之道也。反天以顺民，逆民以顺道；贤者为佐，圣人为主；务爱有余，以为左右；智者居上，痴者居下，能大爵高，伎小官卑；功鲜赏微，劳大禄重，侯王之道。欺敦悫，侮忠信；侵暴寡弱，臣役愚民；夺弛以与张，损小以益强；逆微顺显，以容其身，此众人之道也。以大居小，以明居晦，以强居弱，以众居寡，以达居穷，以高居下。故高而不可剂，盈而不可毁，大而不可破，满而不可损，刚而不可折，柔而不可卷，孤而不可制，弱而不可取，愚而不可贱，无而不可有；天地佑之若子，人民助之若母，与和常翔，与道终始，天人交顺，神明是守，至人之道也。

　　是以圣人之动，无名为务，和弱为主；隐而不穷，荣而不显；辞贵让富，余力不取；盈国不入，盈人不友；恒若有失，惕若遭咎；履道合和，常与物友；通天之经，达地之理，成功不居，德流不有；逃名遁势，玄冥是处，灭端匿迹，无形是守；寂寞虚空，莫能夺与，魁然独立，与天同道。夫何故哉？惮道之殃，不敢见贤也。

七十八章

天下莫柔弱于水，[1]而攻坚强者莫之能胜，[2]以其无以易之。[3]弱之胜强，[4]柔之胜刚，[5]天下莫不知，[6]莫能行[7]。是以圣人云：[8]受国之垢，是谓社稷主；[9]受国不祥，是为天下王。[10]正言若反。[11]

[1]【河上公注】圆中则圆，方中则方，擁之则止，决之则行。

[2]【河上公注】水能怀山襄陵，磨铁消铜，莫能胜水而成功也。

[3]【河上公注】夫攻坚强者，无以易于水。

【王弼注】以，用也。其谓水也，言用水之柔弱，无物可以易之也。

[4]【河上公注】水能灭火，阴能消阳。

[5]【河上公注】舌柔齿刚，齿先舌亡。

[6]【河上公注】知柔弱者长久，刚强者折伤也。

[7]【河上公注】耻谦卑，好强梁。

[8]【河上公注】谓下事也。

[9]【河上公注】君能爱国垢浊者，若江海不逆小流，则能长保其社稷，为一国君主也。

[10]【河上公注】君能引过自与，代民受不祥之殃，则可以王有天下。

[11]【河上公注】此乃正直之言，世人不知，以为反言。

【指归】

道德所包，天地所载，阴阳所化，日月所照，物类并兴，纷缪杂乱，盛衰存亡，与时变化。积坚者败，体柔者胜，万物之理、自然之称也。是故水之所以能触石贯金，崩山溃堤，周流消息，沦于无赀，广大无穷，修远无涯，明不可蔽，强不可加，浊而能清，少能复多，危能复宁，疾能复迟，与时变化，死而复生，浸濡万物，养育群形，布施而不费，赡物而不衰，注四海而不有功，配天地而无以为，优游毫厘之内，翱翔九野之外，泽及苍天之上，槃积黄壤之下，强扶天地，弱沉毛羽，微积集少，以成江海，上下无常，终而复始，进退屈伸近于道者也，以其形体柔弱，动静待时，不设首响，和渟润滑也。故百工之治，殊事异方，沤烂金石，破坚折刚，平微正妙，解缓群形，和调五味，荡涤臭腥，攻坚陷大，非水不行。

夫何故哉？众物熊能，莫之与双也。故水之灭火、砥之利金、角齿伤折、舌耳无患、卑损制骄暴、雌辱胜大怨，天下莫不知，世俗莫不闻，皆用私心不已，莫有能行。故言为祸匠，默为害工；进为妖式，退为孽容；劳而无德，苦而无功。长去昭昭，久陷冥冥；大变为小，存化为亡。是故明王圣主将传国家，必有誓言，受国之垢，为社稷之主；受国不祥，为天下王。

何谓受国之垢？曰：食民所吐，服民所丑；居民所使，乐民所苦；务在顺民，不遑适己。故民托之如父，爱之如母，愿为臣妾，与之俱死。是以处寒磬之地、沙石之壤、僻迥之国、阨狭之野，困辱为荣，存其宗祖，变祸为福，长为民主。

何谓受国不祥？曰：忍民所丑，受民所恶；当民大祸，不以为德；计在丧国，不失天心；虑在杀身，不失民福。天地与之俯仰，人物与之反侧，随之东西，附之南北，所加者亡，所图者服，天下荡荡，并为一域，向风仰化，靡不蒙泽。故能矫邪振乱，无所不克，变化淫败，以为敦朴，功德至大，名势穷极。夫何故哉？柔心弱志，轻己重民，安于丑辱也。

是故正言若反，莫之能覆；近而若远，莫之能测；求之大远，莫之能得。何则？奢侈在己，素俭于人；邪枉在躬，求正于民；患祸生我，请福于天。天地示之不能见，神明告之不能闻，释是废然，好用私心；身动于此，事应于天，去己怨彼，天下大昏；罔以明法，诛以信刑，名实有孚，赏罚得中。公平无私，逾失天意，正直不邪，益失民心；刑戮并用而奸益起，赏深赐重而乱益生。当此之时，善人中罔，贤者陷刑，虽得名实，何可善焉？

是以圣人执道之符，操德之信，合之于我，不以责人。故有德之主，将欲有为必稽之天，将欲有行必验符信，求过于我，不尤于民，归祸于己，不怨于人。故是非自定，白黑自分，未动而天下应，未令而万物然。无德之人，务适情意，不顾万民；政失乱生，不求于身；专司民失，督以严刑；人有过咎，家有罪名；百姓怨恨，天心不平；其国乱扰，后世有殃。

是故天地之道，与人俱行；无适无莫，无疏无亲；感动相应，若响与声；静作相随，若影与形。不邪不佞，正直若常；造恶与之否，行善与之通；柔弱与之相得，无为与之合同。

七十九章

和大怨[1]必有余怨，[2]安可以为善？[3]是以圣人执左契，[4]而不责于人。[5]有德司契，[6]无德司彻。[7]天道无亲，常与善人。[8]

[1]【河上公注】杀人者死，伤人者刑，以相和报。

[2]【河上公注】任刑者失人情，必有怨，及于良人也。

【王弼注】不明理其契，以致大怨已至而德和之，其伤不复，故有余怨也。

[3]【河上公注】言一人吁嗟，则失天心，安可以和怨为善也？

[4]【河上公注】古者圣人执左契，合符信也。无文书法律，刻契合符以为信也。

【王弼注】左契防怨之所由生也。

[5]【河上公注】但刻契之信，不责人以他事也。

[6]【河上公注】有德之君，司察契信而已。

【王弼注】有德之人念思其契，不念怨生而后责于人也。

[7]【河上公注】无德之君，背其契言，司人所失。

【王弼注】彻，司人之过也。

[8]【河上公注】天道无有亲疏，唯与善人，则与司契者也。

八十章

小国寡民。[1]使有什伯[2]之器而不用[3]，使民重死[4]而不远徙[5]。虽有舟舆，无所乘之，[6]虽有甲兵，无所陈之，[7]使人复结绳而用之。[8]甘其食，[9]美其服，[10]安其居，[11]乐其俗。[12]邻国相望，鸡犬之声相闻，[13]民至老死不相往来。[14]

[1]【河上公注】圣人虽治大国，犹以为小，俭约不奢泰。民虽众，犹若寡少，不敢劳之也。

【王弼注】国既小，民又寡，尚可使反古，况国大民众乎？故举小国而言也。

[2]【河上公注】使民各有部曲什伯，贵贱不相犯也。

[3]【河上公注】器，谓农人之器。而不用，不征召夺人良时也。

【王弼注】言使民虽有什伯之器而无所用，何患不足也？

[4]【河上公注】君能为民兴利除害，各得其所，则民重死而贪生也。

[5]【河上公注】政令不烦，则安其业，故不远迁徙，离其常处。

【王弼注】使民不用，惟身是宝，不贪货赂，故各安其居，重死而不远徙也。

[6]【河上公注】清静无为，不作烦华，不好出入游娱也。

[7]【河上公注】无怨恶于天下。

[8]【河上公注】去文反质，信无欺也。

[9]【河上公注】甘其蔬食，不渔食百姓也。

[10]【河上公注】美其恶衣，不贵五色。

[11]【河上公注】安其茅茨，不好文饰之屋。

[12]【河上公注】乐其质朴之俗，不转移也。

[13]【河上公注】相去近也。

[14]【河上公注】其无情欲。

【王弼注】无所欲求。

【指归】

　　国有大小，地有险易，民有众寡，货有多少，形有高卑，涂有远近，势有强弱，权有轻重。大胜小，易胜险，富胜贫，众胜寡，高胜卑，近胜远，强胜弱，轻胜重，物之理也。强弱在将，安危在相，得失在主，存亡在道。天无常与，民无常处，有德者归之，无德者见背，自然之道也。故地广民众，将勇主严，不足以为强；甲坚士练，城高池深，不足以为安；辩利听察，甘言浮说，假借阿顺，不足以为亲；割地献宝，结纵连横，党众兴盛，不足以为全。唯有道者无所不制；德厚泽深，无所不胜，小变为大，弱转为强，轻化为重，寡易为众。故君子所处，虽小必存；小人所居，虽大必亡。是以小国之君，地狭民少，德薄权轻，诸侯不市，刑制不禁，无有丘阜之阻、江河之险、邻国之亲，孤特独处，存乎大国之间，地寒磬而不足割，宝币轻而不足献，将相不附，百姓轻往，邻人重求，故无盘石之固、山陵之安，常处乎累卵之危。然则伐之不足以为暴，德之不足以为多，故小国者危亡之枢而安宁之机也。

　　是以圣人之治小国也，转祸为福，因危为宁，富以舟舆，实以甲兵；器械便利，衣食有余，牛马蕃息，畜积充满，什伯邻国，以固民心；能而不为，知而不作，滋味不活，庖厨不饰，绝身灭色，身为之式；饮而后食，劳而后息，暑服一单，寒衣一複；期于和适，不厚其服，务以便生，不为口腹；赋鲜徭寡，民有余力，并兼之原绝，而增加之流息；风俗敦厚，遵俭忠悫，有而若亡，能而若劣。夫何故哉？建之以道，抱之以德。劳侠危宁，与民若一，平心适和，听以督实；敬顺逊辞，以襄其神，聪明盛德，以臣流失，邻国不动，百姓和集，乐生安寿，恶为盗贼。

当此之时，无钟鼓而万物足；百姓和洽，臣主相得；安土乐生，故死于岩穴；迁徙去乡，利虽百倍，不离其国；家有舟舆，无所运乘；户有甲兵，无所施力。何则？将相明知，人君有道，民务耕织，多积为好；鄙朴在上，柔弱为右，贵忠敬信，下力贱巧；法明俗定，上下相保，未令而民从，不战而敌恐；求利者不议难胜，趋名者不图无罪，块然独安，百姓不扰，损知弃为，复归太古；结绳而识期，素情而语事，约物修文，亡言寡志，皆合自然，各得其所。蔬食藜羹，无味为甘；布衣鹿裘，无文为好；危狭险阻，栗栗为宁；寒馨僻迥，厉以为厚；安乐謡俗，便习水土；道隆德盛，和睦鳏寡；接地邻境，各自保守；精神不耗，魂魄不毁；性命全完，意欲穷尽；鸡狗之音相闻，民人薪菜登山相视，涧谿共浴，相去甚近，君臣不相结，男女不相聚，自生至老，老而至死，非传主命，莫有来往。

八十一章

信言不美，[1]美言不信。[2]善者不辩，[3]辩者不善。[4]知者不博，[5]博者不知。[6]圣人不积，[7]既以为人己愈有，[8]既以与人己愈多。[9]天之道，利而不害；[10]圣人之道，为而不争。[11]

[1]【河上公注】信者，如其实。不美者，朴且质也。

【王弼注】实在质也。

[2]【河上公注】滋美之言者，孳孳华词。不信者，饰伪多空虚也。

【王弼注】本在朴也。

[3]【河上公注】善者以道修身，不采文也。

[4]【河上公注】辩者，谓巧言也。不善者，舌致患也。山有玉，掘其山；水有珠，浊其渊；辩口多言，亡其身。

[5]【河上公注】知者，谓知道之士。不博者，守一元也。

【王弼注】极在一也。

[6]【河上公注】博者，多见闻。不知者，失要真也。

[7]【河上公注】圣人积德不积财，有德以教愚，有财以与贫也。

【王弼注】无私自有，唯善是与，任物而已。

[8]【河上公注】既以为人施设德化，己愈有德。

【王弼注】物所尊也。

[9]【河上公注】既以财贿布施与人，而财益多。如日月之光，无有尽时也。

【王弼注】物所归也。

[10]【河上公注】天生万物,爱育之,令长大,无所伤害也。

【王弼注】动常生成之也。

[11]【河上公注】圣人法天所施为,化成事就,不与下争功名,故能全其圣功也。

【王弼注】顺天之利,不相伤也。

【指归】

虚实相归,有无相生,寒暑相反,明晦相随;阴消而阳息,阳息而阴消;本盛则末毁,末毁则本衰;天地之道,变化之机也。凡此数者,聪明之门,情伪之根,嫌疑之尺寸,眩耀之权衡也。因其本,修其无,开以天心,督以自然;要而推之,约而归之,察近知远,观覆睹反;闻名识实,见始知卒,听声是形,以喻得失。则是千岁之情同符而万世之为共术,天地之心可见而鬼神之意可毕,况乎人事哉?

人怀自然之道,达人情之理,秉造化之元,明异同之纪。故若言中适,淡淡和德,谓之信者,下之所仰于上,彼之所取于此,强大之元、威令之始、民人所助、成功之道、权势所因、名号所起也。故一人唱而千人和,一人动而万人随,破强敌,陷大众,赴水火,之危亡,死不旋踵而民不恨者,信也。

甘言流说,众诺美大,谓之不信。何谓不信?言而不然谓之不信。人而不信,德泽不立,威势不行,权重不显,名号不明,赏之不使,罚之不禁。故上下不附,举事无功,虽贵而无位,高而无民,孤特独处,社稷不宁。天下望幸,尽遇罪刑者,美言也。

反本归根,离末去文,元元始始,寡以然众,一以应万,要以制详,约守真一,谓之少闻。少闻故能知。何谓知?达人之情以及神明之谓知。知者,保身之数,全国之具也;上之所依,下之所附,导天之经,达道之路也。故总安危之大范,秉治乱之至要,使海内之士尽忠竭能,分职奉公,以宁其上,权势流行,威德隆盛者,知也。

心识万端,目窥人事,无所穷极,众臣分散,谓之博闻。博闻,故不知。何谓不知? 嫌于天道, 疑于人事, 之谓不知。不知之徒, 安乐万事; 内多思虑, 外多喜欲; 既有所憎, 又多所恶; 易诱以生, 可胁以死。故见奇而动, 临危而畏, 眩耀物类, 诡诳时变, 违通背达, 归于穷困, 动与患邻, 静与祸比, 宗庙危殆, 万民散离者, 博闻也。

四通博达, 容疏言讷, 谓之不辩。鞿鞿而成, 默默而信, 故能成善。何谓成善? 动合天心, 静得地意, 言无不通, 默无不利, 谓之善。夫善者, 君子所本, 百行所长, 吉祥所合, 万福所往; 流而不竭, 用而不绝; 万王不变, 异俗不易, 天地所与, 神明所益。故上以顺天, 下以顺人, 为治元始、事之恒常, 成理万物, 覆载群生, 天下怀慕, 继之无穷者, 善也。

不识元首, 不睹根本, 诬天诬地, 诬人诬鬼, 属辞变意, 故谓之辩。抱嫌履疑, 顺心妄动, 尚言美辞, 故生不善。何谓不善? 动与天逆, 静与地反, 言伤人物, 默而害鬼, 之谓不善。不善之人, 分道别德, 散朴浇醇, 变化文辞, 依义托仁, 设物符验, 连以地天, 因生熊黑, 世俗所尊, 反指覆意, 逃实遁名, 耀人寂泊, 惑人无端, 废直立伪, 务以谄君, 饰辞以愉其上, 朋党以趋主心, 开知故之迹, 闭忠正之门, 操阿顺之术, 以倾国家之权, 生息暴乱, 生育大奸。天下上舌, 世浊主昏, 壅蔽闭塞, 以之危亡者, 辩也。

是故圣人, 慎戒其始, 绝其未萌, 去辩去知, 去文去言; 虚静柔弱, 玄默素真, 隐知藏善, 导以自然; 是非白黑, 昭如日月, 同异真伪, 如地如天; 空虚无积, 与物俱变, 无为为之, 与物俱然; 畜之不盈, 散之未既, 包裹万方, 博者深思不见其绪, 辩者远虑不闻其端; 施而不屈, 变化不穷, 终而覆始, 大明若昏; 既以为人己愈侠, 尽以治人己益明, 既以生人己愈寿, 尽以教人己以益; 既阳且阴, 阴而又阳; 利而不害, 与天地同, 生而不杀, 与神明通; 建德流泽, 常处显荣, 辞巧让福, 归于无名, 为而不恃, 与道俱行。

附 录

老子河上公章句序

　　河上公者，莫知其姓名也。汉孝文皇帝时，结草为庵于河之滨，常读《老子道德经》。文帝好老子之言，诏命诸王公大臣州牧二千石朝直众官，皆令诵之，有所不解数句，时天下莫能通者。闻侍郎裴楷说河上公诵《老子》，乃遣诏使赍所不了义问之。公曰："道尊德贵，非可遥问也。"文帝即驾从诣之。帝曰："普天之下，莫非王土。率土之宾，莫非王臣。域中有四大，王居其一也。子虽有道，犹朕民也。不能自屈，何乃高乎？朕足使人富贵贫贱。"须臾，河上公即拊掌坐跃，冉冉在虚空之中，如云之升，去地百余丈，而止于玄虚。良久，俯而答曰："今上不至天，中不累人，下不居地，何民之有？陛下焉能令余富贵贫贱乎？"帝乃悟之，知是神人，方下辇，稽首礼谢曰："朕以不德，忝统先业，才不任大，忧于不堪，虽治世事，而心敬道德，直以暗昧，多所不了。惟蒙道君弘愍，有以教之，则幽夕睹太阳之耀光。"河上公即授素书《老子道德经章句》二卷，谓帝曰："孰研此，则所疑自解。余注是经以来千七百余年，凡传三人，连子四矣。勿示非其人。"文帝跪受经。言毕，失公所在。论者以为文帝好老子大道，世人不能尽通其义，而精思遐感上彻。太上道君遣神人特下，教之便去耳。恐文帝心未纯信，故示神变以悟帝意，欲成其道真。时人因号曰河上公焉。

老子河上公章句篇题

道 经

河上公章句第一

体道第一	养身第二	安民第三	无源第四
虚用第五	成象第六	韬光第七	易性第八
运夷第九	能为第十	无用第十一	检欲第十二
厌耻第十三	赞玄第十四	显德第十五	归根第十六

河上公章句第二

淳风第十七	俗薄第十八	还淳第十九	异俗第二十
虚心第二十一	益谦第二十二	虚无第二十三	苦恩第二十四
象元第二十五	重德第二十六	巧用第二十七	反朴第二十八
无为第二十九	俭武第三十	偃武第三十一	圣德第三十二
辩德第三十三	任成第三十四	仁德第三十五	
微明第三十六	为政第三十七		

德 经

河上公章句第三

论德第三十八	法本第三十九	去用第四十	同异第四十一
道化第四十二	遍用第四十三	立戒第四十四	洪德第四十五
俭欲第四十六	鉴远第四十七	忘知第四十八	任德第四十九
贵生第五十	养德第五十一	归元第五十二	益证第五十三
修观第五十四	玄符第五十五	玄德第五十六	淳风第五十七

君平说二经目

　　庄子曰：昔者老子之作也，变化所由，道德为母，效经列首，天地为象。上经配天，下经配地。阴道八，阳道九，以阴行阳，故七十有二首；以阳行阴，故分为上下。以五行八，故上经四十而更始；以四行八，故下经三十有二而终矣。阳道奇，阴道偶，故上经先而下经后。阳道大，阴道小，故上经众而下经寡。阳道左，阴道右，故上经覆来下经反往。反覆相过，沦为一形；冥冥混沌，道为中主。重符列验，以见端绪；下经为门，上经为户。智者见其经效，则通乎天地之数、阴阳之纪、夫妇之配、父子之亲、君臣之仪，万物敷矣。

王弼老子指略选

然则《老子》之文，欲辩而诘者，则失其旨也；欲名而责者，则违其义也。故其大归也，论太始之原以明自然之性，演幽冥之极以定惑罔之迷。因而不为，损而不施，崇本以息末，守母以存子；贱夫巧术，为在末有，无责于人，必求诸己。此其大要也。

《老子》之书，其几乎可一言而蔽之。噫！崇本息末而已矣。观其所由，寻其所归，言不远宗，事不失主。文虽五千，贯之者一；义虽广瞻，众则同类。解其一言而蔽之，则无幽而不识；每事各为意，则虽辩而愈惑。

尝试论之曰：夫邪之兴也，岂邪者之所为乎？淫之所起也，岂淫者之所造乎？故闲邪在乎存诚，不在善察；息淫在乎去华，不在滋章；绝盗在乎去欲，不在严刑；止讼存乎不尚，不在善听。故不攻其为也，使其无心于为也；不害其欲也，使其无心于欲也；谋之于未兆，为之于未始，如斯而已矣。故竭圣智以治巧伪，未若见质素以静民欲；兴仁义以敦薄俗，未若抱朴以全笃实；多巧利以兴事用，未若寡私欲以息华竞。故绝司察，潜聪明，去劝进，翦华誉，弃巧用，贱宝货，唯在使民爱欲不生，不在攻其为邪也。故见素朴以绝圣智，寡私欲以弃巧利，皆崇本以息末之谓也。

《国学典藏》丛书已出书目

杜甫诗集 ［唐］杜甫 著
　　　　　 ［清］钱谦益 笺注
李贺诗集 ［唐］李贺 著 ［清］王琦等 评注
李商隐诗集 ［唐］李商隐 著
　　　　　 ［清］朱鹤龄 笺注
杜牧诗集 ［唐］杜牧 著 ［清］冯集梧 注
李煜词集（附李璟词集、冯延巳词集）
　　　　　 ［南唐］李煜 著
柳永词集 ［宋］柳永 著
晏殊词集·晏幾道词集
　　　　　 ［宋］晏殊 晏幾道 著
苏轼词集 ［宋］苏轼 著 ［宋］傅幹 注
黄庭坚词集·秦观词集
　　　 ［宋］黄庭坚 著 ［宋］秦观 著
李清照诗词集 ［宋］李清照 著
辛弃疾词集 ［宋］辛弃疾 著
纳兰性德词集 ［清］纳兰性德 著
六朝文絜 ［清］许槤 评选
　　　　　 ［清］黎经诰 笺注
古文辞类纂 ［清］姚鼐 纂集
玉台新咏 ［南朝陈］徐陵 编
　　　 ［清］吴兆宜 注 ［清］程琰 删补
古诗源 ［清］沈德潜 选评
乐府诗集 ［宋］郭茂倩 编撰
千家诗 ［宋］谢枋得 编
　　　 ［清］王相 注 ［清］黎恂 注

花间集 ［后蜀］赵崇祚 集
　　　 ［明］汤显祖 评
绝妙好词 ［宋］周密 选辑；
　　　 ［清］项絅 笺；［清］查为仁 厉鹗 笺
词综 ［清］朱彝尊 汪森 编
花庵词选 ［宋］黄昇 选编
阳春白雪 ［元］杨朝英 选编
唐宋八大家文钞 ［清］张伯行 选编
宋诗精华录 ［清］陈衍 评选
古文观止 ［清］吴楚材 吴调侯 选注
唐诗三百首 ［清］蘅塘退士 编选
　　　 ［清］陈婉俊 补注
宋词三百首 ［清］朱祖谋 编选
文心雕龙 ［南朝梁］刘勰 著
　　　 ［清］黄叔琳 注 纪昀 评
　　　 李详 补注 刘咸炘 阐说
诗品 ［南朝梁］钟嵘 著
　　　 古直 笺 许文雨 讲疏
人间词话·王国维词集 王国维 著
西厢记 ［元］王实甫 著
　　　 ［清］金圣叹 评点
牡丹亭 ［明］汤显祖 著
　　　 ［清］陈同 谈则 钱宜 合评
长生殿 ［清］洪昇 著 ［清］吴人 评点
桃花扇 ［清］孔尚任 著
　　　 ［清］云亭山人 评点

部分将出书目
（敬请关注）

公羊传	三国志	心经	白居易诗集
榖梁传	水经注	文选	唐诗别裁集
史记	史通	古诗笺	明诗别裁集
汉书	日知录	李白全集	清诗别裁集
后汉书	文史通义	孟浩然诗集	博物志